Kauderwelsch
Band 150

Impressum

Elfi H.M. Gilissen
Englisch für Australien — Wort für Wort
erschienen im
REISE KNOW-HOW Verlag Peter Rump GmbH
Osnabrücker Str. 79, D-33649 Bielefeld
info@reise-know-how.de

© REISE KNOW-HOW Verlag Peter Rump GmbH
1. Auflage 2001
Konzeption, Gliederung, Layout und Umschlagklappen
wurden speziell für die Reihe „Kauderwelsch" entwickelt
und sind urheberrechtlich geschützt.
Alle Rechte vorbehalten.

Layout	Elfi H. M. Gilissen
Layout-Konzept	Günter Pawlak, FaktorZwoǃ Bielefeld
Umschlag	Peter Rump (Titelfoto: Andrew Tokmakoff)
Kartographie	Iain Macneish
Fotos	Elfi H. M. Gilissen, außer S. 155 Andrew Tokmakoff
Druck und Bindung	Fuldaer Verlagsagentur, Fulda

ISBN 3-89416-557-X
Printed in Germany

Dieses Buch ist erhältlich in jeder Buchhandlung der BRD,
Österreichs, der Schweiz und der Benelux. Bitte informieren
Sie Ihren Buchhändler über folgende Bezugsadressen:

BRD	Prolit GmbH, Postfach 9, 35461 Fernwald (Annerod) sowie alle Barsortimente
Schweiz	AVA-buch 2000, Postfach 27, CH-8910 Affoltern
Österreich	Mohr Morawa Buchvertrieb GmbH Sulzengasse 2, A-1230 Wien
Benelux	Assimil Benelux, 5-7 Rue des Pierres, B-1000 Bruxelles
direkt	Wer im Buchhandel kein Glück hat, bekommt unsere Bücher zuzüglich Porto- und Verpackungskosten auch direkt beim **Rump Direktversand**, Heidekampstraße 18, D-49809 Lingen oder über unseren Internet-Shop: www.reise-know-how.de

Zu diesem Buch ist ein **Tonträger** erhältlich, ebenfalls in
jeder Buchhandlung der BRD, Österreichs, der Schweiz und
der Benelux.
Der Verlag möchte die **Reihen Kauderwelsch
& ReiseWortSchatz** weiter ausbauen und **sucht Autoren**!
Mehr Informationen finden Sie auf unserer Internetseite
**www.reise-know-how.de/buecher/special/
schreiblust-inhalt.html**

Kauderwelsch

Elfi H. M. Gilissen

Englisch für Australien
Wort für Wort

With love for
Andrew Tokmakoff

REISE KNOW-HOW
im Internet
www.reise-know-how.de
info@reise-know-how.de

*Aktuelle Reisetipps
und Neuigkeiten,
Ergänzungen nach
Redaktionsschluss,
Büchershop und
Sonderangebote
rund ums Reisen*

Die
REISE KNOW-HOW Verlag
Peter Rump GmbH
ist Mitglied der
Verlagsgruppe REISE KNOW-HOW

Kauderwelsch-Sprechführer sind anders!

Warum? Weil sie Sie in die Lage versetzen, wirklich zu sprechen und die Leute zu verstehen.

Wie wird das gemacht? Abgesehen von dem, was jedes Sprachbuch bietet, nämlich Vokabeln, Beispielsätze etc., zeichnen sich die Bände der Kauderwelsch-Reihe durch folgende Besonderheiten aus:

Die **Grammatik** wird in einfacher Sprache so weit erklärt, dass es möglich wird, ohne viel Paukerei mit dem Sprechen zu beginnen, wenn auch nicht gerade druckreif.

Alle Beispielsätze werden doppelt ins Deutsche übertragen: zum einen **Wort-für-Wort**, zum anderen in „ordentliches" Hochdeutsch. So wird das fremde Sprachsystem sehr gut durchschaubar. Denn in einer fremden Sprache unterscheiden sich z.B. Satzbau und Ausdrucksweise recht stark vom Deutschen. Ohne diese Übersetzungsart ist es so gut wie unmöglich, schnell einzelne Wörter in einem Satz auszutauschen.

Die **Autorinnen** und **Autoren** der Reihe sind Globetrotter, die die Sprache im Land selbst gelernt haben. Sie wissen daher genau, wie und was die Leute auf der Straße sprechen. Deren Ausdrucksweise ist nämlich häufig viel einfacher und direkter als z.B. die Sprache der Literatur oder des Fernsehens.

Besonders wichtig sind im Reiseland **Körpersprache, Gesten, Zeichen** und **Verhaltensregeln**, ohne die auch Sprachkundige kaum mit Menschen in guten Kontakt kommen. In allen Bänden der Kauderwelsch-Reihe wird darum besonders auf diese Art der nonverbalen Kommunikation eingegangen.

Kauderwelsch-Sprechführer sind keine Lehrbücher, aber viel mehr als Sprachführer! Wenn Sie ein wenig Zeit investieren und einige Vokabeln lernen, werden Sie mit ihrer Hilfe in kürzester Zeit schon Informationen bekommen und Erfahrungen machen, die „taubstummen" Reisenden verborgen bleiben.

Inhalt

9 Vorwort
11 Hinweise zur Benutzung
13 Australier und ihre Sprache
17 Aussprache & Betonung
20 Wörter, die weiterhelfen

Grammatik

22 ein, das, jene
25 ich, du & dein, mein
26 gut, besser, am besten
29 sein, haben & tun
33 gestern, heute, morgen
39 können, müssen, wollen
43 nein & kein
45 was, wieso, warum
48 eins, zwei, drei
50 Uhr & Tag
55 der Satz

Konversation

59 Kurz-Knigge
61 Floskeln & Redewendungen
66 das erste Gespräch
75 zu Gast sein
79 Kulinarische Genüsse
92 Kaffee, Bier, Wein & Co.
98 Shopping
102 Unterwegs

Inhalt

- 121 Unterkunft
- 124 Bad & Toilette
- 126 Outback & the bush
- 136 Great Barrier Reef & the beach
- 140 Sonne, Feuer & Wind
- 143 Aborigines
- 147 Feiern & Freizeit
- 157 Geld , Post, Telefon
- 160 Zoll, Botschaft & Polizei
- 162 Erste Hilfe & krank sein

Anhang

- 168 Literaturhinweise
- 169 Wortliste Deutsch – Australisch
- 181 Wortliste Australisch – Deutsch
- 192 Die Autorin

Buchklappe vorne *Die wichtigsten Floskeln und Redewendungen*
Lautschrift
Nichts verstanden? — Weiterlernen!

Buchklappe hinten *Die wichtigsten Fragewörter*
Die wichtigsten Mengenangaben
Die wichtigsten Bindewörtchen
Karte von Australien

Vorwort

Wer schon einmal einem waschechten Australier über den Weg gelaufen ist, weiß dass es leicht zu Verständigungsschwierigkeiten kommen kann, wenn der Australier ganz selbstverständlich ocker terms oke tööms *rein australische Begriffe* in den Mund nimmt, die auch die Amerikaner und Briten nicht kennen, geschweige denn wir, deren Muttersprache nicht Englisch ist. Das Dialektgemisch der ersten südenglischen Siedler und der Londoner convicts konviktß *Strafgefangenen* hat dem Englisch Australiens eine ganz andere Grundfarbe verliehen. Hinzu kamen später die Einflüsse der Italiener, Griechen und Asiaten und entstanden ist das, was man in der australischen Küche Fusion nennt. Britische Worte werden einfach anders gebraucht, sie werden abgekürzt oder ganz einfach neues Vokabular hinzu erfunden.

Landschaft, Flora, Fauna und der kulturelle Mix erfordern eine andere Sprache, es geht um andere Themen als im kalten Großbritannien: Farmen die größer sind als manches deutsche Bundesland, (sub)tropischer Regenwald, der wohnbar geschlagen werden musste, Kilometer lange Sandstrände am angenehm temperierten blauem Ozean mit besten Bedingungen zum Surfen. Das Great Barrier Reef lädt zum Tauchen am größten Korallen-

Vorwort

riff der Welt ein. Abenteurer suchten ihr Glück beim Goldschürfen, in den Silberminen oder bei der Opalsuche. Zuckerrohrplantagen so weit das Auge reicht und Tier- und Pflanzenarten, die sonst nirgends auf der Welt heimisch sind. Hier ist auch die Heimat der Aboriginies mit ihrer Schöpfergeschichte der Traumzeit.

In down under dauwn ande – *Australien* spricht man immer in der Umgangssprache, aber auch in der Schriftsprache findet sie Anwendung. Eine e-mail eines australischen Freundes sah folgendermaßen aus (auch so geschrieben): Good on ya Elfi, she's a little beauty... a real bonza site for us Aussie fella's... Anyway, Mates, I'm doin' some hard yakka, I'm as busy as a one legged bloke in an arse kicking contest, so I've gotta bugger off... No worries. seeyewselatter Davo... Irgendwas verstanden? Na, dann wird es Zeit, dass Sie nach Australien kommen!

A special thanks to all the lovely people who helped to fill this book with genuine Australiana: Andrew, Vic, Colleen, Karen, Dave, Anne, Lisa-Marie, Vanessa, Scott, Raf, Mark, Kirsty, Adsee, Karen, Erina, Nathalie, Shielsy, and all those Aussies I met during my travels.

Hinweise zur Benutzung

Der Kauderwelsch-Sprechführer besteht aus drei Teilen: aus Grammatik, Gesprächssituationen und einer Wörterliste (Deutsch – Australisches Englisch und Australisches Englisch – Deutsch).

Der Grammatikteil fasst sich kurz, bringt Ihnen aber alle wichtigen Strukturen eines australisch-englischen Satzes nahe. Jeder Satz ist Wort-für-Wort übersetzt und mit einer einfach zu lesenden Lautschrift versehen. Die Wort-für-Wort-Übersetzungen begleiten Sie durch das Buch und helfen Ihnen, die Satzstruktur leichter zu durchschauen und selbst andere Wörter aus den Themenfeldern im Konversationsteil einzusetzen.

I'd like fish/chicken and chips, thanks.
ajd lajk fisch/tschiken en tschipß ðängkß
ich'würde mögen Fisch/Huhn und Pommes danke
Ich hätte gern Fisch/Hähnchen und Pommes.

Wörter, die im australischen Satz mit einem Apostroph verbunden sind, sind auch in der Wort-für-Wort-Übersetzung apostrophiert. Zwischen zwei Wörtern, die man untereinander austauschen kann, steht ein Schrägstrich /.

Im Konversationsteil finden Sie alle wichtigen Sätze aus der Alltagssprache der Australier, geordnet nach Alltagssituationen, die für

Hinweise zur Benutzung

Reisende von Bedeutung sind, sowie interessante Hintergrundinformationen über die australische Kultur.

Die Lautschrift zeigt Ihnen, wie man das australische Englisch ungefähr richtig ausspricht. Daher gibt es für jedes Wort und jeden Satz zusätzlich eine Lautschrift.

Die Umschlagklappe hilft, die wichtigsten Sätze und Formulierungen stets parat zu haben, die man mit den Vokabeln aus den einzelnen Kapiteln kombinieren kann. Hier finden sich außerdem schnell die wichtigsten Floskeln und Redewendungen, Angaben zur Aussprache und eine kleine Liste der wichtigsten Fragewörter, Bindewörter und ander ausschmückende Wörter. Zur Orientierung finden Sie auch eine Karte von Australien in der hinteren Umschlagklappe. Wer direkt nach seiner Ankunft noch Verständigungsprobleme hat, kann sich erst mal mit „Nichts verstanden? – Weiterlernen!" über Wasser halten.

Seitenzahlen
Um Ihnen den Umgang mit den Zahlen zu erleichtern, wird auf jeder Seite die Seitenzahl auch in australischem Englisch angegeben!

Australier und ihre Sprache

Wer sind die Australier? Ca. 85% der Bewohner Australiens sind „britischer" Herkunft. Der Rest sind vorwiegend andere Europäer, z. B. niederländische und deutsche Protestanten auf der Suche nach mehr religiöser Freiheit, Frieden oder einfach mehr Lebensraum. Dann Glücksucher u.a. aus Serbien, Kroatien und Japan die während des Goldrausches nach Australien kamen. Zu Beginn des 20. Jhs waren es Russen und Chinesen auf der Flucht vor der Revolution, später Arbeitskräfte aus Italien und Griechenland und noch später Boatpeople aus Vietnam. Die neueren Wirtschaftskrisen in Asien haben den Bevölkerungsanteil der Asiaten in Australien in den letzten Jahren auf 8% ansteigen lassen. Die Aborigines bilden mit ungefähr 228.000 eine Minderheit auf dem Kontinent und leben vor allem im Norden und im Zentrum.

Alles begann als die Spanier den Kontinent im Jahre 1606 entdeckten und die Niederländer als Erste einen Fuß auf den Kontinent bei Cape York setzten. Sie beschimpften das Land als das unwirtlichste, dass Sie je gesehen hatten und seine Bewohner – die Aborigines – als die wildesten aller Geschöpfe. Im Jahre 1642 entdeckte der Niederländer Abel Tasman das erste Stückchen brauchbares Land auf dieser Seite der Erdkugel: Van Diemen's Land.

Van Diemen's Land *ist der alte Name für* Tasmania – *Tasmanien.*

Australier und ihre Sprache

Doch erst als der Brite Captain James Cook im Jahre 1770 die fruchtbare grüne Ostküste Australiens entdeckte, entfachte die Idee der Besiedlung. 18 Jahre später entsandte man die ersten 11 Schiffe mit Gefangenen und Siedlern aus England nach Australien um Port Jackson zu gründen.

Port Jackson *ist der alte Name von Sydney.*

Heute hat Australien ca. 18 Mio Einwohner, wovon die meisten in den Küstengebieten bzw. den Großstädten leben. Aber wer waren nun die Briten, die hierherkamen und den Grundstein für die australische Variante des Englischen legten? Londoner Gefängnisse waren voll, also entsandte man die Gefangenen in die Verbannung nach Australien. Sie stammten meist aus den unteren Schichten Londons, wo man Cockney sprach. Hinzu kamen die englischen, schottischen, cornischen, welschen und irischen Siedler; einfache Familien, die ihr Glück in der Ferne versuchen wollten. Die neuen Bewohner fanden ein Land vor, was so unentdeckt war, dass Sie keine Zeit hatten auf Queen's English beim Roden und der Feldarbeit zu bestehen. Ihre Kinder entwickelten außerdem eine eigene Sprache zur besseren Verständigung untereinander und so war eine Generation später schon ein charakteristisches Englisch entstanden mit ur-australischen umgangssprachlichen Wendungen und einer deutlich andersartigen Aussprache. Es entstanden typische Unterschiede im Wortgebrauch im Vergleich zu Amerikanern und Briten.

Australier und ihre Sprache

American	British	Aussie
apartment	flat	unit
gear shift	gear lever	gear stick
shorts	shorts	bathers

Wohnung
Schaltknüppel
Badehose

Manche englischen Worte bekamen in Australien einfach eine andere Bedeutung:

Wort	British	Aussie
wattle	Zweigengeflecht	Akazie
station	Militärposten	Schaffarm
swag	gestohlene Güter	Feldschlafsack

Die weißen Australier hielten die Aborigines für ungeheuer primitiv und mieden den Kontakt mit ihnen. Daher wurden lediglich für Landschaftsmerkmale, Flora und Fauna Worte aus Aborigine-Sprachen übernommen:

barramundi	Süßwasserfischart im Norden
dilly(bag)	kleine Tasche
billabong	Wasserloch
jarrah	große Eukalyptusart in WA
marron	Süßwasserkrebs in WA

Die folgenden haben sogar ihren Weg in das „Welt-Englisch" gefunden:

kangaroo	Känguru (ein Beuteltier)
wombat	Wombat (ein Beuteltier)
boomerang	Boomerang (eine Wurfwaffe)
dingo	Dingo (wilder Hund)
Aborigine	Aborigine (Ureinwohner)

fifteen fiftiejn

Australier und ihre Sprache

Australische Schauspieler und Sänger artikulieren häufig mit amerikanischem Akzent, weil sie dann die Chance haben in Amerika groß rauszukommen; ein Markt von 18 Mio Australiern ist eben nicht genug.

Wie überall auf der Welt hatte die Kultur der Amerikaner nach dem 2. Weltkrieg auch auf den australischen Sprachgebrauch einen spürbaren Einfluss: „Ein Auto mieten" heißt eigentlich to hire a car, aber weil fast alle Autovermietungen in Australien amerikanische Firmen sind, hat sich auch to rent a car eingebürgert. Das Wort für Gepäck ist luggage, wenn man aber vom Gepäckband am Flughafen spricht, ist es der baggage claim wie im Amerikanischen.

In der Rechtschreibung wird im Australischen auch meist die Schreibweise -ise (wie in authorise, idolise, organise, recognise) bevorzugt, wie bei den Amerikanern. Auch wird manchmal die Rechtschreibung mit -or (the Australian <u>Labor</u> Party) statt -our bevorzugt, wie in Amerika. Im Regelfall ist die australische Schreibweise aber wie die britische. Und oft koexistieren in Australien einfach beide Varianten.

	American	British	Aussie
allerliebste	**favorite**	**favourite**	*beides*
Programm	**program**	**programme**	*beides*
Scheck	**check**	**cheque**	*beides*
lizensiert	**licensed**	**licenced**	**licensed**
Enzyklopädie	**encyclopedia**	**encyclopaedia**	*beides*

Neuere amerikanische Einflüsse aus der Welt der Unterhaltung oder Technik kennen wir ja auch im Deutschen: entertainment, e-mail, computer.

Aussprache & Betonung

Aussprache & Betonung

In puncto Aussprache ist die Grundfarbe des Australischen prinzipiell eher Britisch, aber je akzentuierter der Australier spricht desto breiter wird der Akzent: Broad Australian browd eßträljen – *breites Australisch*. Hier mausert sich das äj zum aj, das aj zum oij, das ä zum i, überhaupt liegt der größte Unterschied im Klang der Selbstlaute und dieser ist regional verschieden. In Adelaide spricht man z.B. eher General Australian, welches ich auch als Grundlage für die phonetische Transkription genommen habe. Aber in Sydney spricht man einen Hauch mehr Broad Australian.

Mitlaute (Konsonanten)

ß	stimmloses „s" wie „Gla**s**" fence fänß, salad ßäled	*Bei* st, sp, sch *kein deutsches „scht, schp, sch", sondern* student ßtjuwdnt, sports ßpohtß, school ßkuwl.
s	stimmhaftes „s" wie „**S**aft" size ßajs, bathers bäjðes, mozzies mosies	
sh	stimmhaftes „sch" wie „Gara**g**e" massage mäßaash, garage gäraash	
sch	stimmloses „sch" wie „**Sch**uh" shark schaak, lunch lansch, ocean owschn	
tsch	aspiriertes „t" + sch wie „Ma**tsch**" sandwich ßänwitsch, focaccia fe'katschje	*Die Endungen* -tion, -sion, -chion *werden zu* -schn: nation näjschn.
dsh	unaspiriertes „d" + sh wie „**Dsch**ungel" German dshöömen, jetty dshädiej	
j	„j" wie „**J**ahr" year jie'e, few fjuw, uni juwniej, fuel fjuwl	*Vor* u *ein* j *einschieben:* fuel fjuwl.

Aussprache & Betonung

k	„k" wie „**K**ultur"
	car kaa, tucker take, chemist kämißt
r ('e)	am Satzanfang „unterdrückt", sonst eher als stummes 'e sprechen
	rain räjn, cars kaas, first föößt, year jie'e
ð	das berühmte englische „tie-äjtsch"
	thanks ðängkß, this ðiß, theatre ðie'ede
h	am Wortanfang oft verschluckt
	have häv, how hauw, house hauwß

Bei „-r" am Wortende wird das „r" nie gesprochen, sondern der Selbstlaut in die Länge gezogen.

Bei Wörtern aus dem Französischen wird das „n" nasal gesummt:
croissant krwaßo.

Ein „t" wird immer aspiriert gesprochen: mate mäjt.
Manchmal auch unaspiriert „d", z.B. bei einem Doppel-t: jetty dshädiej *oder Endung auf „tre" und „-ter":* theatre ðie'ede.

Ein „e" am Wortende wird fast nie gesprochen: date däjt.

Selbstlaute (Vokale)

aa	offenes, langes „a" wie „V**a**ter"
	father faaðe, fast faaßt, bark baak
a	geschlossenes, kurzes „a" wie „k**a**nn"
	country kantriej, must maßt, above ebav
ä	längeres „ä" wie „M**ä**rchen"
	question kwäßtschn, rent ränt, friend fränd
aj	so etwas wie „H**oai**" langziehen
	say ßaj, guide gajd, height hajt, night najt, aisle ajl, lie laj
äj	wie ein langezogenes „H**ey**!"
	mate mäjt, g'day gdäj, main mäjn
auw	wie „M**au**s" mit einem „w"
	without wiðauwt, now nauw
e	kurz wie „Lipp**e**"
	about ebauwt, reckon räken, mother maðe
i	kurz wie „b**i**tte"
	busy bisiej, mist mißt, ticket tiket
iej	langezogenes „ie" wie „B**ie**r"
	receive reßiejv, people piejpel, team tiejm, thief ðiejf, be biej, been biejn

18 | eighteen aj'tiejn

Aussprache & Betonung

o wie langezogenes „m**o**rgen"
   ball bol, broad brod, soft ßoft

oij wie „Ah**oi**"
   choice tschoijß, boy boij, lawyer loije,
   island oijlend

ow wie „Pank**ow**" mit „w"
   over owwe, go gow, sew ßow, though ðow

öö langgezogenes „ö" wie „**ö**ffnen"
   first föößt, earn öön, burn böön, world wööld

u kurzes „u" wie „B**u**s"
   foot fut, pull pul, could kud, woman wumen

uw langes „u" wie „K**u**h" mit „w"
   too tuw, blue bluw, do duw, you juw

Es wurden nur die Laute extra aufgeführt, die etwas Erklärung bedürfen. Am wichtigsten ist das Langziehen der Selbstlaute. Wie man welchen Buchstaben spricht, dafür ließe sich im Englischen allgemein ein seitenweiser Katalog aufstellen, also am besten zuhören und nachplappern!

Übrigens wird auch im australischen Englisch alles klein geschrieben, außer der Satzanfang, Überschriften, Sprachen, Eigennamen, Länder, Wochentage, Feiertage, Monate sowie I *(ich)*, Aussie und Australian *(australisch)* – die werden groß geschrieben.

Das australische Alphabet ist wie das Britische: a äj, b biej, c ßiej, d diej, e iej, f äf, g dschiej, h äjtsch, i aj, j dchäj, k käj, l äll, m äm, n än, o ow, p piej, q kjuw, r a'e, s äß, t tiej, u juw, v wiej, w dabeljuw, x äkß, y waj, z säd.

Kauderwelsch-Tonträger

Falls Sie sich die fremdsprachigen Sätze und Wörter, die in diesem Buch vorkommen, einmal von einem Australier gesprochen anhören möchten, kann Ihnen Ihre Buchhandlung das begleitende Tonmaterial zu diesem Buch besorgen. Sie bekommen es auch über den Rump-Direktversand oder unseren Internetshop **www.reise-know-how.de** *zuzüglich Porto- und Verpackungskosten.*

Wörter, die weiterhelfen

Hier die wichtigsten Sätze auf einen Blick, die Sie gleich bei Ankunft brauchen können:

	G'day!	**How are you today, mate?**
	gdäj	hauwarje tedäj, mäjt
	guten'Tag	*wie bist du heute Kumpel*
	Guten Tag!	Wie geht's?

	Bye!	**See you later!**
	baj	ßieje läjde
	tschüss	*seh dich später*
	Tschüss!	Auf Wiedersehen!

	I'm looking for ...	**Excuse me, where's ...?**
	ajm luking fo'e	ekßkjuws miej, wäs
	ich'bin schauend für	*entschuldige mich wo'ist*
	Ich suche ...	Wo ist ..., bitte?

die Toilette	**the toilet**	ðe toijlet
diese Adresse	**this address**	ðiß e'dräß
ein Hotel, eine Bar	**a hotel/pub**	e howtäl/pab
eine Bank	**a bank**	e bänk
ein Krankenhaus	**a hospital**	e hoßpidl
die Polizeiwache	**the police station**	ðe peliejß ßtäjschn
eine Tankstelle	**a servo/roadhouse**	e ßöövow/rowdhauwß
ein Taxi	**a taxi**	e täkßiej
den Bahnhof	**the train station**	ðe träjn ßtäjschn
den Busbahnhof	**the bus terminal**	ðe baß tööminl
den Transitbahnhof	**the transit centre**	tränßit ßänte
die Bushaltestelle	**the bus stop**	ðe baß ßtop

Wörter, die weiterhelfen

Thank you.	**Thanks, mate!**	**Ta!**
ðängkjuw	ðängkß mäjt	taa
dank dir	*danke Kumpel*	*danke*
Danke.	Danke.	Danke.

No worries!	**Beg your pardon?!**
now wöriejs	bägje paaden
keine Sorgen	*betteln dein Pardon*
Gern geschehen!	Wie bitte?

Do you have ...	**I'd like ...**
djuw häv	ajd lajk
tun du haben	*ich'würde mögen*
Haben Sie ...?	Ich hätte gern ...

some water	ßam wode	*etwas Wasser*
a cup of coffee	e kapof kofiej	*eine Tasse Kaffee*
a cuppa/some tea	e kapa/ßam tiej	*eine Tasse / etwas Tee*
that soft drink	ðäd ßoft drink	*die Limonade da*
sandwiches	ßänwitsches	*belegte Brote*
cigarettes	ßigerätß	*Zigaretten*
a lighter	e lajde	*ein Feuerzeug*
tissues	tischuws	*Taschentücher*
toilet paper	toijlet päjpe	*Toilettenpapier*
help	hälp	*Hilfe*

Yes/yep.	jäß/jap	Ja.
Alright.	owrajt	Ok, in Ordnung.
Okay.	owkäj	Ok, in Ordnung.
No.	now	Nein.
I'm sorry.	ajm ßoriej	Nein, leider nicht.
... please.	pliejs	..., bitte.

twenty-one twentiej wan

ein, das, jene

Hauptwörter (Substantive) haben im Australischen kein Geschlecht und alle haben denselben bestimmten Artikel the ðe und den unbestimmten Artikel a e bzw. an en; das -n wird nur angehängt, wenn das folgende Hauptwort mit einem Selbstlaut beginnt.

Ebenso einfach sind die hinweisenden Fürwörter (Demonstrativpronomen). Will man deutlich machen, dass es sich um dieses oder jenes handelt, nimmt man einfach this ðiß und that ðäd, in der Mehrzahl (Plural) these ðiejs und those ðows.

this pub, that hotel, these blokes, those cars
ðiß pab, ðäd howtäl, ðiejs blowkß, ðows kaas
dies Kneipe, das Hotel, diese Jungs, jene Autos

Dann hat man auch noch die Möglichkeit every ävriej – *jede* oder any äniej — *irgendein* zu verwenden:

I go surfing all the time.
aj gow ßööfing owl ðe tajm
ich gehen surfend all die Zeit
Ich gehe immer Tag surfen.

We can leave any time.
wiej kän liejv äniej tajm
wir können weggehen irgendein Zeit
Wir können jederzeit gehen.

ein, das, jene

Auch die Mehrzahlbildung ist kein Problem. Man hängt einfach ein -s an das Hauptwort, oder aber ein -es, wenn das Hauptwort auf -s, -ss, -sh, -ch, -x oder -z endet. Das Anhängen von -es gilt oft auch, wenn das Wort auf Mitlaut + -o endet. Auf -f oder -fe endende Wörter verändern sich oft zu -ves.

an/the area	äriej a	**areas**	äriejas	*Gebiet*
a/the coach	kowtsch	**coaches**	kowtsches	*Reisebus*
a/the dish	disch	**dishes**	disches	*Speise*
a/the knife	najf	**knives**	najvs	*Messer*
a/the potato	petäjdow	**potatoes**	petäjdows	*Kartoffel*

Bei einem Mitlaut + -y wird daraus ein -ies. Aber nicht, wenn ein Selbstlaut davor steht, dann wird einfach nur ein -s angehängt!

| **a/the lady** | läjdiej | **ladies** | läjdiejs | *Dame* |
| **a/the key** | kiej | **keys** | kiejs | *Schlüssel* |

Es gibt nur wenige Ausnahmen, wie Hauptwörter, ...

..., die gar keine Mehrzahlform haben.

..., deren Mehr- und Einzahl identisch sind:
  sheep schiejp *(Schaf, Schafe)*
  game gäjm *(wildes Tier/wilde Tiere zum Jagen)*

..., die keine Einzahl-, sondern nur eine Mehrzahlform haben:
  glasses glaaßes *(Brille)*, daks däkß *(Hose)*

..., und solche, die einfach unregelmäßig sind:

eine, das, jene

Frau	a/the woman	wumen	**women**	wimen
Fuß	a/the foot	fut	**feet**	fiejt
Kind	a/the child	tschajld	**children**	tschildren
Person	a/the person	pöösen	**people**	piejpel

Eine Besonderheit des Australischen sind Wortverkürzungen. Versuchen Sie die Langversion eines Wortes an der richtigen Stelle abzuhacken und ein -ie oder seltener ein -o anzuhängen:

Australian	**Aussie**	australisch
barbecue	**barbie**	Grillabend
motorbike rider	**bikie**	Motorradgangmitglied
breakfast	**brekkie**	Frühstück
chewing gum	**chewie**	Kaugummi
mosquito	**mozzie**	Mücke
nightgown	**nightie**	Nachthemd
sick day	**sickie**	Krankheitstag
vegetable	**vegie**	Gemüse
smoke break	**smoko**	Rauchpause
swimming costume	**cozzie**	Badehose

Für den besitzanzeigenden Artikel „der/des" hängt man im Australischen ein 's an den „Besitzer". Wenn der „Besitzer" auf ein -s, -z oder -ce endet jedoch nur ein Apostroph.

the park's entrance	ðe paaks intrenß
children's books	tschildrens bukß
Chris' house	krißes hauwß

ich, du & dein, mein

Fast alles so wie man es aus dem Schulenglischen kennt, mit zwei kleinen Ausnahmen.

Wer?	Wessen?	Wem/Wen?	Reflexiv
I aj	**my (mine)** maj/miej (majn)	**me** miej	**myself** majßälf/ miejßälf
you juw	**your(-s)** je(s)	**you** juw	**yourself** jeßälf
he hiej	**his** his	**him** him	**himself** himßälf
she schiej	**her(-s)** höö(s)	**her** hö'e	**herself** höößälf
it it	**its** itß	**it** it	**itself** itßälf
we wiej	**our(-s)** auwe(s)	**us** aß	**ourselves** auweßälvs
you(se) juw(s)	**your(-s)** je(s)	**you** juw	**yourselves** jeßälvs
they ðäj	**their(-s)** ðä'e/ðäs	**them** ðäm	**themselves** ðämßälvs

Die Aussprache von my *ist häufig wie von* me: miej. *Lassen Sie sich davon nicht verwirren.*

Die Mehrzahl von you *ist auch schon mal* you-se juws *im Australischen - eine Form, die man sonst nicht kennt im Englischen.*

How are youse kids?
hauw aa juws kids
wie sind ihre Kinder
Wie geht's Ihren Kindern?

gut, besser, am besten

Im Australischen siezt man nicht, dennoch entspricht you *auch dem deutschen „Sie"/„Ihr", aber auch: „man"!*

I bought myself a jumper.
aj bowt majßälf e dshampe
ich kaufte mir-selbst ein Pullover
Ich habe mir einen Pullover gekauft.

This is mine.
ðißis majn
das ist meins
Das gehört mir.

The bag is empty.
ðe bäg is ämtiej
die Tasche ist leer
Die Tasche ist leer.

gut, besser, am besten

Sie können Eigenschaftswörter steigern indem Sie einfach very väriej – *sehr*, so ßow – *so (sehr)* oder too tuw – *zu (sehr)* davorsetzen:

This steak sandwich is so good.
ðiß ßtäjk ßänwitsch is sow gud
dies Steak Sandwich ist so gut
Das ist ein so leckeres Steak-Sandwich.

klein	**small** ßmol	**smaller** ßmole	**smallest** ßmoleßt
groß	**big** big	**bigger** bige	**biggest** bigeßt
teuer	**expensive** ekßpänßiv	**more expensive** mo'e ekßpänßiv	**most expensive** mowßt ekßpänßiv

Alle regelmäßigen Eigenschaftswörter, die aus weniger als drei Silben bestehen, steigert man, indem man -er bzw. -est anhängt. Besteht es

gut, besser, am besten

aus drei oder mehr Silben, steigert man durch Voranstellen von more mo'e und most mowßt:

It's our best and most luxurious room.
itß auwe bäßt en mowßt lagshuwriejeß ruwm
es'ist unser beste und meist luxuriös Zimmer
Es ist unser bestes und luxuriösestes Zimmer.

Einige wichtige Ausnahmen:

many mäniej	**more** mo'e	**most** mowßt	*viel*
good gud	**better** bäde	**best** bäßt	*gut*
far faa	**further** fööde	**furthest** föödeßt	*weit*
bad bäd	**worse** wööß	**worst** wöößt	*schlecht*
little lidl	**less** läß	**least** liejßt	*wenig*

Ein anderes Wort für „viel(e)" ist a lot of e lotof oder lots of lotßof.

Vergleich

Will man Dinge vergleichen, verwendet man im Australischen meist das Wörtchen „von" to tuw. Formale Texte verwenden jedoch eher das britische from from und der Gebrauch des amerikanischen (more/less) than (mo'e/läß) ðän wird auch immer beliebter. Alle benutzen jedoch für das vergleichende „wie" as äs:

Wichtige Eigenschaftswörter finden Sie in den passenden Konversationskapiteln oder natürlich in der Wortliste.

Your customs are different to ours.
jer kaßtems aa difrent te auwes
deine Bräuche sind verschieden von unseres
Eure Bräuche sind anders als unsere.

gut, besser, am besten

This is just as beautiful as I thought.
ðißis dschaßtes bjudeful äsaj ðowt
dies ist genau so schön so ich dachte
Das ist genauso schön, wie ich es mir vorgestellt habe.

There're just as many dolphins as yesterday.
ðä'e dschaßt äs mäniej dolfins äs jäßtedäj
da'sind genau so viele Delfine so gestern
Es sind genauso viele Delfine da wie gestern.

Intensität

Wie im Deutschen kann man die Intensität von Farben durch Voranstellen von light lajt – *hell* oder dark daak – *dunkel* genauer beschreiben. Wenn man sich nicht sicher ist, welcher Farbton es ist, hängt man -ish isch an.

green	greenish	light green	dark green
griejn	griejnisch	lajtgriejn	daak griejn
grün	grünlich	hellgrün	dunkelgrün

sein, haben & tun

An den drei Hilfswörtchen be – *sein*, have – *haben* und do – *tun* führt kein Weg vorbei. Man braucht sie, um einfachste Sätze zu bilden. Sie sind unregelmäßig, also auswendig lernen!

sein

I'm/I am	ajm/aj äm	*ich bin*
you're/you are	jo'e/juw aa	*du bist*
he's/he is	hiejs/hiej is	*er ist*
we're/we are	wä'e/wiej aa	*wir sind*
you're/you(se) are	jo'e/juw aa/juws aa	*ihr seid*
they're/they are	ðä'e/ðäj aa	*sie sind*

They're open.
ðä'rowpen
sie'sind offen
Sie haben geöffnet.

That's lovely!
ðätß lavliej
das'ist liebenswert
Wirklich toll!

Wie Sie sehen, wird gerne mit einem Apostroph abgekürzt. Soll die Aussage betont werden, lässt man auch in der Umgangssprache das kürzen sein und sagt in voller Länge:

That is amazing!
ðäd is e'mäjsing
das ist erstaunend
Das ist wirklich super!

sein, haben & tun

Die verneinten Formen bildet man mit not – *nicht* oder hängt es abgekürzt zu -n't an die Hilfswortformen is und are.

I am not	I'm not	–
aj äm not	ajm nod	
you are not	**you're not**	**you aren't**
juw aa not	jo'e nod	juw aand
he is not	**he's not**	**he isn't**
hiej is not	hiejs nod	hiej'isnd

Entsprechend kann man das auch auf we, they, these, those & she, it, that, this anwenden. Die beliebtesten Formen sind aren't/isn't.

haben

ich habe	**I've/I have**	ajv/aj häv
du hast	**you've/you have**	juwv/juw häv
er hat	**he's/he has**	hiejs/hiej häs
wir haben	**we've/we have**	wiejv/wiej häv
ihr habt	**you've/you(se) have**	juwv/juw(s) häv
sie haben	**they've/they have**	ðäjv/ðäj häv

Die verneinten Formen bildet man mit not (nicht) oder abgekürzt zu -n't: have = haven't, has = hasn't. Auch hier bevorzugt man die Kurzform mit -n't. Eine britische Besonderheit wird auch im Australischen zusammen mit have angewendet: got, ebenso häufig verwendet man aber die in Amerika bevorzugte Form mit do anstelle von have.

sein, haben & tun

I haven't got time.
aj hävend got tajm
ich habe-n'icht bekommen Zeit
Ich habe keine Zeit.

I don't have time.
aj downd häv tajm
ich tue-n'icht haben Zeit
Ich habe keine Zeit.

tun

I do	aj duw	ich tue
you do	juw duw	du tust
he does	hiej das	er tut
we do	wiej duw	wir tun
you(se) do	juw(s) duw	ihr tut
they do	ðäj duw	sie tun

Mit der verneinten Form von do kann man jedes Tätigkeitswort verneinen. Die verneinten Formen bildet man mit not (nicht) oder abgekürzt zu -n't.

I don't like this!
aj downd lajk ðiß
ich tun-n'icht mögen dies
Das finde ich nicht schön!

I don't know how long this trail is.
aj downd now hauw long ðiß träjl is
ich tun-n'icht wissen wie lang dies Pfad ist
Ich weiß nicht, wie lang dieser Pfad ist.

sein, haben & tun

Man braucht dieses Hilfswort aber auch zum Formulieren einer Frage, wenn man kein Fragewort (wer, was,...) verwendet.

Der frilled lizard *stellt seinen Kragen bei Gefahr auf.*
Do you have a frilled lizard?
duwje häv e frild liserd
tun du haben ein gezackt Echse
Haben Sie auch eine Kragenechse?

In Aussagesätzen verwendet man do, wenn die Aussage des darauf folgenden Tätigkeitswortes unterstrichen werden soll:

Der bearded dragon *ist eine der häufig vorkommenden Echsen in Australien.*
I do have a bearded dragon though.
aj duw häv e bie'eded drägen ðow
ich tue haben ein bärtig Drache aber
Ich habe aber einen Bartagame.

gestern, heute, morgen

gestern, heute, morgen

Zum Glück ist die Beugung der Tätigkeitswörter (Verben) im Englischen sehr übersichtlich. Wie man sie verneint und bestimmte Zeiten bildet, unterscheidet sich jedoch stark vom Deutschen — daher aufgepasst!

Gegenwart

Fast alle Personen haben immer die gleiche Form – die Grundform! Nur bei der er-sie-es-Form hängt man zusätzlich ein -s an. Endet die Grundform jedoch auf -ss, -ch, -sh oder einen Selbstlaut, wird -es angehängt. Endet ein Tätigkeitswort auf einen Mitlaut+-y, verändert sich die Endung zu einem -ies. Ist doch einfach, oder?!

I buy, you pass, we like, you fly, they go
aj baj, juw paaß, wiej lajk, juw flaj, ðäj gow
ich kaufe, du reichst, wir mögen, ihr fliegt, sie gehen

he/she/it buys, passes, likes, flies, goes
hiej/schiej/idt bajs, paaßes, lajkß, flajs, gows
er/sie/es kauft, reicht, mag, fliegt, geht

The shop usually opens at 10.
ðe schop juwscheliej owpens ät tän
der Laden normalerweise öffnet um 10
Der Laden macht normal um 10 Uhr auf.

gestern, heute, morgen

She lives in Coober Pedy.
schiej livs in kuwbe piejdiej
sie lebt in Coober Pedy
Sie wohnt in Coober Pedy.

Zur Verneinung stellt man die entsprechende verneinte Form des Hilfswortes do vor das Tätigkeitswort (in seiner Grundform!):

Don't miss out on Australian wildlife!
downd miß auwt on eßträjlen wajdlajf
tue-n'icht verpassen aus auf Australische wilde-Tiere
Verpassen Sie nicht die Wildtiere Australiens!

The TV doesn't work.
ðe tiejviej dasnt wöök
der Fernseher tut-n'icht arbeiten
Der Fernseher funktioniert nicht.

Zukunft

Wenn es nicht so sehr um den Verlauf geht, sondern vielmehr um eine Prognose, einen Plan, sollte man die Zukunft mit dem Hilfswort will wil – *werden* bilden. will und seine verneinte Form won't wownt sind immer unverändert und gelten für alle Personen.

I'll see you down at the pub.
ajl ßieje dauwn äd ðe pab
ich'werde sehen dich unten bei der Kneipe
Ich treffe dich dann bei der Kneipe.

gestern, heute, morgen

I won't buy those thongs.
aj wownt baj ðows ðongs
ich werde-n'icht kaufen jene Latschen
Ich werde diese Badelatschen nicht kaufen.

Eine beliebte Variante kann man mit going to gowing tuw – *gehend zu* bilden:

I'm going to buy a ticket to Brisbane.
ajm gone baj e tiket te brisben
ich'bin gehend zu kaufen ein Ticket zu Brisbane
Ich werde mir ein Ticket nach Brisbane kaufen gehen.

Ist alles noch nicht definitiv geplant, sondern an eine Bedingung geknüpft, verwendet man would wud oder die verneinte Form wouldn't wudnt.

I'd buy this one, if I were you.
ajd baj ðiß wan if aj wö'e juw
ich'würde kaufen dies eins wenn ich wäre du
Ich würde dieses kaufen, wenn ich du wäre.

Vergangenheit & vollendete Gegenwart

Die einfache Vergangenheit und die vollendete Gegenwart kennen Sie aus dem Deutschen „ich flog" und „ich bin geflogen". Nur ist im Australischen ihre Bildung viel einfacher, denn in der einfachen Vergangenheit sind alle Formen gleich!

gestern, heute, morgen

I, you, he/she/it, we, you, they waited
aj, juw, hiej/schiej/idt, wiej, juw, ðäj wäjted
*ich wartete, du wartetest, er/sie/es warteten,
wir warteten, ihr wartetet, sie warteten*

Die einfache Vergangenheit bildet man durch ein einfaches Anhängen von -ed an die Grundform. Endet die Grundform jedoch auf einen Mitlaut + -y, wird daraus ein -ied; endet sie auf einen Selbstlaut + -y, wird daraus manchmal nur ein -id. An Grundformen, die auf -e enden, wird nur ein -d angehängt.

brennen	**burn**	böön	**burned**	böönd
heiraten	**marry**	märiej	**married**	märiejd
färben	**dye**	däj	**dyed**	dajd
sterben	**die**	däj	**died**	dajd
bleiben	**stay**	ßtäj	**stayed**	ßtäjd
bezahlen	**pay**	päj	**paid**	päjd

Leicht zu merken sind die Vergangenheitsformen der drei wichtigen Hilfsworte be, have & do, denn für have gilt immer had oder verneint hadn't. Für do gilt immer did oder verneint didn't. Bleibt nur noch be, dessen verneinte Formen immer wasn't/weren't sind.

I was	aj wos	ich war
you were	juw wö'e	du warst
he was	hiej wos	er war
we were	wiej wö'e	wir waren
you(se) were	juw(s) wö'e	ihr wart
they were	ðäj wö'e	sie waren

gestern, heute, morgen

Einfacherweise bildet man die vollendete Gegenwart mit have und dem Partizip. Ist das Tätigkeitswort regelmäßig, stimmt es mit der einfachen Vergangenheit überein, z.B. opened, closed. Da Australier regelmäßige und unregelmäßige Formen beide verwenden, empfehle ich Ihnen, es zunächst mit der Regelmäßigen zu versuchen!

American	British	Aussie	
learned	learnt	learnt/learned	*gelernt*
wed	wedded	wed/wedded	*verheiratet*
lit	lighted	lit/lighted	*beleuchtet*

I've been to Uluru as well.
ajv bin te uluruw äs wäl
ich'habe gewesen zu Uluru so gut
Ich war letztes Jahr am Ayers Rock.

I've seen a koala before.
ajv ßiejn e koaala biejfo'e
ich'habe gesehen ein Koala zuvor
Ich habe schon einmal einen Koala gesehen.

Ayers Rock heißt offiziell nach der Aborigine-Bezeichnung wieder Uluru.

Verlaufsform

Diese Form gibt es im Deutschen nicht, aber die Australier geben damit an, dass sie inmitten einer noch andauernden Handlung stecken. Man bildet sie mit der gebeugten Form von be + Tätigkeitswort + Endung -ing. Falls das Tätigkeitswort auf -e endet, wird es gestrichen.

gestern, heute, morgen

While I was travelling in Australia, ...
wajl aj wos trävling in eßträljje
während ich war reisend in Australien
Während ich in Australien reiste, ...

She's out surfing.
schiejs auwt ßööfing
sie'ist aus surfend
Sie ist gerade surfen.

How long do you think you'll be staying?
hauw long djuw ðink juwl biej ßtäjing
wie lange tun du denken du'wirst sein bleibend
Wie lange wirst du bleiben?

Da man die Verlaufsform mit be bildet, verwendet man zur Verneinung die verneinte Form mit not (nicht) oder -n't:

He's not diving this summer.
hiejs nod dajving ðiß ßame
er'ist nicht tauchend dies Sommer
Er wird diesen Sommer nicht tauchen.

Man drückt mit der Verlaufsform aber auch Pläne in der nahen Zukunft (morgen, heute Abend) aus:

We're having a barbie tonight.
wä'e häving e baabiej tenajt
wir'sind habend ein Barbecue zu-Nacht
Wir werden heute Abend grillen.

können, müssen, wollen

können, müssen, wollen

Bei den vollwertigen *(V)* Tätigkeitswörtern wird an die er-sie-es-Form ein **-s** angehängt. Ein zweites Tätigkeitswort kann nur nach einem to – *um zu* folgen. Sie werden mit der verneinten Formen von do verneint und können auch als Verlaufsform oder Zukunft gebraucht werden.

V = vollwertig!

Die unselbstständigen *(U)* Hilfsworte wie can, may, must und ihre Vergangenheitsformen could, might, should müssen immer durch ein weiteres Tätigkeitswort ergänzt werden. Verneint werden sie mit not oder der Endung -n't: can't/couldn't, may not/might not, mustn't/ shouldn't. Sie werden nicht gebeugt, sondern sind für alle Personen gleich. Hier gibt es keine weiteren Zeiten!

U = unselbstständig!

wollen, mögen, möchten

want = *V*
like = *V*
wish = *V*
love = *V*
to be fond of = *V*

He wants to visit the Barossa valley.
hiej wontßte visid ðe beroßa väliej
er möchte zu besuchen das Barossa Tal
Er möchte Barossa Valley besuchen.

He likes to surf.
hiej lajkßte ßööf
sie mag zu surfen
Sie surft gern.

He doesn't like surfing.
hiej dasnd lajk ßööfing
er tut-n'icht mögen surfend
Er surft nicht gerne.

können, müssen, wollen

I wish it was cooler.
aj wisch idt wos kuwle
ich wünsche es wäre kühler
Ich wünschte, es wäre kälter.

I love eating steak sandwiches.
aj lav iejting ßtäjk ßänwitsches
ich liebe essend Steak Sandwiche
Ich esse gerne Steak Sandwich.

I'm not too fond of this colour.
ajm nod tuw fondof ðiß kale
ich'bin nicht zu liebhaben von dies Farbe
Ich mag diese Farbe nicht so gern.

I can't stand having to wait.
aj kant ßtänd häving te wäjd
ich kann-n'icht ausstehen habend zu warten
Ich kann Warten nicht ausstehen.

müssen

need = V
must = U
to have (got) to = V

In Australia you must vote.
in eßträljie juw maßt vowt
in Australien du musst wählen
In Australien ist man zum Wählen verpflichtet.

Achtung: must *hat im Australischen die Bedeutung „müssen" im Sinne von „es scheint so".*

He must be home.
hiej maßt biej howm
er muss sein zu-Hause
Er muss zu Hause sein.

He must be tired.
hiej maßt biej tajed
er muss sein müde
Er muss müde sein.

können, müssen, wollen

He still needs to pay.
hiej ßtil niejds te päj
er noch soll zu zahlen
Er muss noch zahlen.

She has to leave.
schiej häs te liejv
sie hat zu weggehen
Sie muss gehen.

I've got to go swimming.
ajv gate gow ßwiming
ich'habe bekommen zu gehen schwimmend
Ich muss jetzt schwimmen gehen.

have to *drückt einen starken Wunsch oder Zwang aus.*

sollen

shall/should = *U*
ought = *U*
need = *V*

Shall we dance?
schäl wiej dänß
sollen wir tanzen
Sollen wir tanzen?

She ought to wake up.
schiej owte wäjkap
sie soll zu wachen auf
Sie sollte aufwachen.

He should apologize.
hiej schud epoledshajs
er sollte entschuldigen
Er sollte sich entschuldigen.

You need to apply a pressure bandage.
juw niejte eplaj e präsche bändedsh
du brauchen zu anwenden ein Druck Verband
Du solltest einen Druckverband anlegen.

können

can/could = *U*
to be able to = *V*
may/might = *U*

He can't sing.
hiej kant ßing
er kann-n'nicht singen
Er kann nicht singen.

She's able to drive.
schiejs äjbel te drajv
sie'ist fähig zu fahren
Sie kann fahren.

können, müssen, wollen

Could you please call me a taxi?
kudje pliejs kol miej e täksiej
könntest du bitte rufen mir ein Taxi
Könnten Sie mir bitte ein Taxi rufen?

That may come in handy.
ðäd mäj kam in händiej
das darf kommen in handlich
Das könnte von Nutzen sein.

You can see the milky way very well.
juw kän ßiej ðe milkiej waj väriej wäl
du kannst sehen die Milchstraße sehr gut
Man kann die Milchstraße sehr gut sehen.

use to = *V* ### dürfen

He may drink.
hiej mäj drink
er darf trinken
Er darf trinken.

She's allowed to speak.
schiejs elauwte ßpiejk
sie'ist erlaubt zu sprechen
Sie darf reden.

may/might = *U*
be allowed to = *V*

gewohnt sein

He used to surf daily.
hiej juwßte ßööf däjliej
er gewohnt zu surfen täglich
Er hat früher jeden Tag gesurft.

She's not used to drinking wine.
schiejs nod juwßte drink wajn
sie'ist nicht gewohnt zu trinken Wein
Sie ist Wein trinken nicht gewöhnt.

nein & kein

Es gibt im Australischen vier Worte zur Verneinung. Eines haben Sie bereits kennen gelernt:

not nod *nicht*

Es wird zur Verneinung von allen Tätigkeitswörtern und Hilfsworten verwendet. Die gekürzte Variante -n't kann nur an folgende Hilfsworte angehängt werden: do, have, be, must, should, can, could, might, will, would.

no now *nein, verboten, kein*

So sagt man einfach „nein". Aber so bringt man auch Verbote zum Ausdruck oder dass etwas nicht vorhanden ist oder nicht akzeptiert wird. no kann vor Tätigkeitswörtern in Verlaufsform oder vor Hauptwörtern stehen.

no smoking
now ßmowking
kein rauchend
Rauchen verboten!

no standing
now ßtänding
kein stehend
Halteverbot!

No worries!
now wöriejs
keine Sorgen
Kein Problem!

no fires permitted
now fajeß pöömided
kein Feuer erlaubt
Feuer machen verboten!

nein & kein

non- non Nicht-

Die Vorsilbe non- findet man nur in festen Verbindungen, vor einem Hauptwort.

non-smoker	**nondescript**	**nonstop**
non ßmowke	nondißkript	nonßtop
nicht-Raucher	*nicht-beschreibbar*	*nicht-halten*
Nichtraucher	undefinierbar	nonstop

un-/ir- an/i un-

Es macht Dinge rückgängig und drückt das Gegenteil aus, genau wie das deutsche „un-". Die ir-Form wird gebraucht, wenn das angehängte Wort mit r- anfängt.

unfriendly	anfrändliej	unfreundlich
uncomfortable	ankamftebel	unbequem
unable	anäjbel	unfähig
unfair	anfä'e	unfair
unlock	anlok	aufschließen
undo	anduw	öffnen
irreplacable	ire'pläjßebel	unersetzlich
irregular	irä'gjuwle	unregelmäßig

n- (in feststehenden Wendungen)

Das not ist im Laufe der Zeit mit dem zu negierenden Teil verschmolzen.

never	näve	nie
never ever	näve äve	niemals
neither ... nor	najðe ... no'e	weder ... noch
nothing	naðing	nichts
none	nan	keins

Fragen & Aufforderungen

Bilden Sie eine Frage mit einem Fragewort, dann machen Sie das genau wie im Deutschen. Das Gesuchte ersetzen Sie einfach durch das Fragewort.

Who wants to taste?
huw wontßte tajßt
wer möchte zu schmecken
Wer möchte (den Wein) probieren?

Alle Frageworte finden Sie schnell griffbereit in der hinteren Umschlagklappe.

What's this shirt worth?
wotß ðiß schööt wööð
was'ist dies Hemd wert
Wie viel kostet dieses Hemd?

How much does this cost?
hauw matsch das ðiß koßt
wie viel tut dies kosten
Wie viel kostet das?

Why do you still have the Queen?
waj djuw ßtil häv ðe kwiejn
warum tun du noch haben die Königin
Warum habt ihr noch die britische Königin?

Wenn man eine Frage ohne Fragewort bilden möchte (z.B. hast du das gemacht?), macht man das ähnlich wie im Deutschen. Aber auch hier müssen Sie sich sklavisch an die australische Satzstruktur halten.

Fragen & Aufforderungen

Do you have any plans for tonight?
djuw häv äniej pläns fo'e tenajt
tun du haben irdendwelche Pläne für zu-Nacht
Hast du heute Abend schon was vor?

Do you accept credit cards?
djuw ekßäpt krädit kaadß
tun du akzeptieren Kredit Karten
Akzeptieren Sie Kreditkarte?

Do you have a light?
djuw häve lajt
tun du haben ein Licht
Haben Sie mal Feuer?

Bei Fragesätzen mit anderen Hilfsworten (be, must, should, can, could, may, might, will, would) verwendet man diese Hilfsworte.

Haven't you been to Uluru?
hävendjuw biejnte uluruw
hast-n'icht du gewesen zu Uluru
Warst du nicht schon mal beim Ayers Rock?

Could you pass me the tomato sauce please?
kudjuw paaß miej ðe te'maadow ßowß pliejs
könntest du reichen mir die Tomate Soße bitte
Kannst du mir bitte das Ketchup reichen?

Can I have a stubbie-holder, please?
kän aj häv e ßtabiej howlde pliejs
kann ich haben ein Kurzen-Halter bitte
Kann ich bitte einen Bierkühler haben?

Fragen & Aufforderungen

That's just amazing isn't it?
ðätß dshaßt e'mäjsing init
das'ist nur erstaunlich ist-n'icht es
Ist das nicht phantastisch?

That can't be the right hotel can it?
ðäd kant bie ðe rajt howtäl kän idt
das kann-n'icht sein das richtige Hotel kann es
Das kann nicht das richtige Hotel sein, oder?

Für rhetorische Fragen wiederholen Sie das Hilfswort des Satzes in der entgegengestzten Form, z.B. verneint, wenn es bejaht war, und hängen noch ein it *hintendran.*

Aufforderungen

Einfacher geht's nicht. Man verwendet einfach das Tätigkeitswort in der Grundform:

Come on in.   **Let us go home!**
kam on in   lätaß gow howm
kommen auf in   *lass uns gehen Zuhause*
Komm herein!   Lass uns nach Hause gehen!

Please observe the rules whilst in this park.
pliejs obsöörv ðe ruls wajlßt in ðiß paak
bitte beachten die Regeln während in diesem Park
Bitte beachten Sie die Regeln während Ihres Aufenthaltes in diesem Park.

Zahlen & zählen

Sie stehen auf jeder Seite, damit Sie sie spielend erlernen. Das Zusammensetzen von 1-99 erfolgt einfach mit Bindestrich. Bei Zahlen ab Hundert fügen Sie and en – *und* ein:

99 = **ninety-nine**
515 = **five hundred and fifteen**

0	**zero**	siejrow	10 **ten**	tän
1	**one**	wan	11 **eleven**	iejlävn
2	**two**	tu	12 **twelve**	twälv
3	**three**	ðriej	13 **thirteen**	ðöötiejn
4	**four**	fo'e	14 **fourteen**	fotiejn
5	**five**	fajv	15 **fifteen**	fiftiejn
6	**six**	ßikß	16 **sixteen**	ßikßtiejn
7	**seven**	ßäven	17 **seventeen**	ßäwentiejn
8	**eight**	ajt	18 **eighteen**	ajtiejn
9	**nine**	najn	19 **nineteen**	najntiejn

20 **twenty**	twäntiej	60 **sixty**	ßikßtiej
30 **thirty**	ðöötiej	70 **seventy**	ßäwentiej
40 **forty**	fotiej	80 **eighty**	ajtiej
50 **fifty**	fiftiej	90 **ninety**	najntiej

100	**a/one hundred**	e/wan handred
200	**two hundred**	tu handred
1000	**a/one thousand**	e/wan ðauwsend
2000	**two thousand**	tu ðauwsend
Million	**a/one million**	e/wan miljen
Milliarde	**a/one billion**	e/wan biljen

Zahlen & zählen

In Australien zählt man die Stockwerke genau wie bei uns, das Erdgeschoss ist ground floor grauwnd flo'e, und dann geht es los mit first floor, second floor etc.

1st	**first**	föößt	**6th**	**sixth**	ßikßð
2nd	**second**	ßäkend	**7th**	**seventh**	ßäwenð
3rd	**third**	ðööd	**8th**	**eighth**	ajtð
4th	**fourth**	fooð	**9th**	**ninth**	najnð
5th	**fifth**	fifð	**10th**	**tenth**	tänð

20th = twentieth
twäntie'eð

21th = twenty first
twäntiej föößt

Häufigkeit kann man ganz einfach ausdrücken mit der Zahl und time(s) tajm(s). Für ein und zwei Mal gibt es jedoch eine zweite Form.

one time/once	wan tajm/wanß	ein Mal
two times/twice	tuw tajms/twajß	zwei Mal

Geht es um Dezimalzahlen, sagt man z. B. $3.50 und setzt einen Punkt statt ein Komma dazwischen. Den Punkt, den wir bei 1.000-er Schritten verwenden, ist bei den Australiern ein Komma: 1,000 (aber nur wenn es ganz unübersichtlich wird). Geht es um Teilstücke braucht man diese:

1/2	**(a/one) half**	(e/wan) haaf
1/3	**a/one third**	e/wan ðööd
1/4	**a/one quarter**	e/wan kwode
3/4	**three quarters**	ðriej kwodes

Zeit & Datum

Die Maße im Imperial system *waren:* ounce, pound, stone, hundredweight, inch, foot, yard, mile.

Einfacherweise ist man in Australien zwischen 1970 und 1982 offiziell auf das metric system mätrik ßißtem – *metrische System* umgestiegen. Im Sprachgebrauch gibt es jedoch eine Menge an Redewendungen, die noch auf das alte System Bezug nehmen. Sie brauchen die alten Maße jedoch nicht umzurechnen. Wenn jemand Sie verwendet, sagen Sie einfach:

I'm not familiar with the Imperial system.
ajm nod femilje wið ðiej impierjel ßißtem
ich'bin nicht bekannt mit das imperial System
Ich kenne die englischen Maße nicht.

What's that in metric?
wotß ðäd in mätrik
was'ist das in metrisch
Wie viel ist es in metrischen Maßen?

Zeit & Datum

Die Monate heißen: January dshänjuriej, February fäbruriej, March maatsch, April äjpril, May mäj, June dshuwn, July dshuwlaj, August owgeßt, September ßäptämbe, October oktowbe, November nowvämbe, December diejßämbe. Sie werden groß geschrieben, genau wie die Wochentage: Monday mandäj, Tuesday tjuwsdäj, Wednesday wänsdäj, Thursday ðöösdäj, Friday frajdäj, Saturday ßätedäj, Sunday ßandäj.

Zeit & Datum

What's the date today / today's date?
wotß ðe däjt tedäj / tedäjs däjt
was'ist das Datum heute / heute'sein Datum
Welches Datum haben wir heute?

Today's the 31st of March.
tedäjs ðe ðöötiejföößt of maatsch
heute'ist der 31. von März.
Heute ist der 31. März.

Das Datum schreibt man z.B. 31/3/2002.

When's your birthday?
wänsje böööðäj
wann'ist dein Geburtstag
Wann ist dein Geburtstag?

Das year jie'e – *Jahr* sagt man fast genauso wie im Deutschen: nineteen-ninety-nine najntiejn najntiej najn für 1999, aber two thousand and three tuw ðauwsend en ðriej für das Jahr 2003.

Uhrzeit

In Australien gibt es 4 time zones tajm sowns – *Zeitzonen*. In NT, QLD, WA hat man keine daylight saving däjlajt säjving – *Sommer- und Winterzeit*, aber sonst wird die Uhr am letzten Oktobersonntag eine Stunde vorgestellt und am letzten Märzsonntag zurückgestellt.

Von Westen nach Osten MEZ+7 Std (Perth), +8,5 Std (Darwin, Adelaide, Broken Hill), +9 Std (Brisbane, Hobart, Melbourne, Sydney, Canberra) und +9,5 Std (Lord Howe).

What time is it?   **It's ...**
wodt tajm isit   itß
was Zeit ist es   *es'ist*
Wie spät ist es?   Es ist ...

fifty-one fiftiej wan | **51**

Zeit & Datum

five o'clock	**ten past five**
fajv eklok	tän paaßt fajv
fünf Uhr	*zehn nach fünf*
fünf Uhr	zehn nach fünf
quarter past five	**five fifteen**
kwote paaßt fajv	fajv fiftiejn
Viertel nach fünf	*fünf fünfzehn*
Viertel nach fünf	fünf Uhr fünfzehn

Damit Sie bei der Verabredung nicht zu spät kommen – to be late tuw biej lajt, *sondern pünktlich sind –* to be on time tuw biej on tajm, *erkundigen Sie sich besser nach der Uhrzeit:*

half past five	**five thirty**
haaf paaßt fajv	fajv ðöötiej
halb nach fünf	*fünf dreißig*
halb sechs	fünf Uhr dreißig
quarter to six	**ten to six**
kwodete ßikß	tän te ßikß
Viertel zu sechs	*zehn zu sechs*
Viertel vor sechs	zehn vor sechs
At what time?	**At (about) ... o'clock.**
äd wodt tajm	äd (ebauwd) ... eklok
bei was Zeit	*bei (etwa) ... Uhr*
Welche Uhrzeit?	Etwa um ...

Weitere Zeitangaben helfen besonders bei Verabredungen und Ticketbuchungen weiter:

In ... hour(s).	**In half an hour.**
in ... auwes	in haafenauwe
in ... Stunde(n)	*in halb ein Stunde*
In ... Stunde(n).	In einer halben Stunde.

Zeit & Datum

next week, Monday, month, time
näkßt wiejk, mandäj, manð, tajm
nächste(n,s) Woche, Montag, Monat, Mal

Die Stunde nennt sich hour auwe und die teilt sich in Minuten minutes minitß und Sekunden seconds ßäkends.

in two days/weeks/months/years
in tuw däjs/wiejkß/manðß/jies
in zwei Tagen/Wochen/Monaten/Jahren

last autumn/night
laaßt otem/najt
letzten Herbst/Abend

this evening
ðiß ievening
diesen Abend

in the morning
in ðe moning
an dem Morgen

on Friday night
on frajdäj najt
an Freitag Abend

a little later
e lidl läjde
ein wenig später

maybe earlier
mäjbiej öölieje
vielleicht früher

before tomorrow
biefo'e temorow
vor morgen

after tonight
aafte tenajt
nach zu-Nacht

until yesterday afternoon
antil jäßtedäj aaftenuwn
bis gestern Nachmittag

since today
ßinß tedäj
seit heute

as of ten o'clock
äsof tän eklok
ab von zehn von-der'Uhr
ab zehn Uhr

two days ago
tuw däjs egow
zwei Tage her
vor zwei Tagen

Zeit & Datum

from 8 a.m. to 8 p.m.
from ajt äjäm te ajt piejäm
von 8 vormittag zu 8 nachmittag
von 8 bis 20:00 Uhr

Bei der Uhrzeit setzen die Australier einen Doppelpunkt 3:50 am/pm und unterscheiden Vor- und Nachmittag mit am/pm.

I'll see you between five and six.
ajl ßiej juw betwiejn fajv en ßikß
ich'werde sehen dich zwischen fünf und sechs
Ich sehe dich dann zwischen fünf und sechs.

by next week
baj näkßt wiejk
bei nächste Woche
bis nächste Woche

around September
erauwnd ßäptämbe
um-herum September
um September herum

on the weekend
on ðe wiejkänd
an das Wochenende
am Wochenende

at the moment
äd ðe mowment
bei der Moment
im Moment

Zu den Australiana in puncto Zeit gehören folgende Ausdrücke:

arvo	aavow	Nachmittag
sec	ßäk	Sekunde
tick	tik	Augenblick
yonks	jonkß	eine lange Zeit

(I'll) be back in a sec/tick.
ajl biej bäk ine ßäk/tik
ich'werde sein zurück in ein Sekunde/Augenblick
Ich bin sofort wieder da.

Der Satz

Jetzt haben Sie die Grammatik fast hinter sich, und ich kann Ihnen verraten, wie Sie all diese Teile im Australischen in die richtige Reihenfolge bringen.

wer?	Hilfswort + Aktion	was?/wo?/wann?
Many tourists	**like to visit**	**Queensland in winter.**
mäniej turißtß	lajkte visit	kwiejnslänb in winte
viele Touristen	*mögen zu besuchen*	*Queensland im Winter*
Viele Touristen kommen im Winter gerne nach Queensland.		

Fragewort?	Hilfswort	wer?	Aktion	was?/wo?/wann?
Where	**did**	**you**	**buy**	**that dillybag?**
wä'e	did	juw	baj	ðäd diliejbäg
wo	*tatest*	*du*	*kaufen*	*das Tasche*
Wo hast du das Täschchen gekauft?				

Halten Sie sich einfach an diese strenge Struktur, egal was Sie dem Aussagesatz noch an Zeit- oder Ortsbestimmungen hinzufügen, die Einheit wer-macht-was bleibt immer als Kern bestehen! Beim Fragesatz müssen natürlich nicht immer alle Komponenten vorhanden sein!

Im Deutschen bauen wir Sätze ja schon mal gerne um - vermeiden Sie das in Ihrem australischen Satz!

A cup of wedges with sour cream, please.
e kapof wädshes wið ßauwe kriejm pliejs
ein Becher von breite-Fritten mit saure Sahne bitte
Eine Portion handgeschnittener Pommes mit saurer Sahne, bitte.

Der Satz

Just continue straight and take the third left.
dshaßt kontinjuw ßtrajt en tajk ðe ððöd läft
nur weitergehen geradeaus und nehmen die 3. links
Geradeaus und dann die dritte links.

closed due to flooding
klowsd djuwte flading
geschlossen wegen zu flutend
geschlossen wegen Überflutung

Could I have a green salad instead please?
kud aj häve grien ßäled inßtäd pliejs
könnte ich haben ein grün Salat stattdessen bitte
Könnte ich stattdessen einen grünen Salat bekommen?

Window, middle or aisle seat during the day?
window midel o'e ajl ßiejt djuwring ðe däj
Fenster Mitte oder Gang Sitz während der Tag
Fenster-, Mittel- oder Gangplatz während des Tages?

I'd like the oysters as an entree please.
ajd lajk ðe oijßtes äsen onträj pliejs
ich'würde mögen die Austern als ein Vorspeise bitte
Ich hätte gern die Austern als Vorspeise.

We only have a dorm-bed left.
wiej ownliej häve dombäd läft
wir nur haben ein Schlafsaalbett übrig
Wir haben nur noch ein Schlaafsaalbett frei.

Manche Umstandswörter (Adverbien) kann

Der Satz

man mit der Endung -ly bilden. Der Wortstamm ist immer ein Eigenschafts- oder Hauptwort.

I travel rather often.
aj trävel raaðe owfen
ich reise recht oft
Ich reise recht viel.

I feel extremely tired.
aj fiejl ekßtriemliej tajed
ich fühle extrem müde
Ich bin ziemlich müde.

In den Umschlagsklappen finden Sie eine Liste der Bindewörter und Umstandswörter zur Ausschmückung Ihrer Sätze.

I rarely get seasick.
aj räeliej get ßiejßik
ich selten bekommen seekrank
Ich werde selten seekrank.

Do you always go to the cricket?
duwje owlwäjs gowte ðe kriked
machst du immer gehen zu der Cricket
Gehst du immer zum Cricket?

I'd like to go to that pub again.
ajd lajktegowte ðäd pab egäjn
ich'würde mögen zu gehen zu das Bar nochmal
Ich würde gerne nochmal in jene Bar gehen.

I'm just browsing.
ajm dshaßt brauwsing
ich'bin nur guckend
Ich will mich nur mal umsehen.

I'll be going on that tour as well.
ajl biej gowing on ðäd tuwr äswäl
ich'werde sein gehend auf das Tour wie gut
Ich werde auch jene Tour machen.

fifty-seven fiftiej ßäven | **57**

Kurz-Knigge

Wenn Sie in Australien sind, wird Ihnen sicherlich sogleich auffallen, dass alle extrem freundlich sind. Wildfremde Menschen begrüßen Sie mit How are you today? – *Wie geht es Ihnen heute?* oder noch australischer mit einem How's it going? – *Wie geht's?* und verabschieden Sie mit See you later! Lassen Sie sich nicht davon irritieren, dass Sie diese Person vermutlich nie wieder sehen werden. Das weiß auch der Australier, trotzdem sagt er zum Abschied *sehe dich später*.

Man sagt für alles thanks – *danke* und bei jeder Frage sollte man ein please – *bitte* anhängen, sonst ist man grob unhöflich. Also tun Sie es den Australiern nach, lächeln Sie mehr, sagen Sie viel häufiger „bitte" und „danke" und reden Sie mit den Leuten!

Wundern Sie sich nicht darüber dass Australier bei der direkten Rede gerne an jeden Satz ein mate – *Kumpel* anhängen. Das machen sie sowohl bei Frauen als auch bei Männern und auch bei völlig Unbekannten. Es sorgt eben für den freundlichen Ton der Australier. Außerdem hängen ältere Herren gegenüber jüngeren Damen gerne ein love – *Liebes* oder darling – *Schatz* an, das ist aber nicht als Anmache gemeint, sondern reine Verehrung des anderen Geschlechts.

Lernen Sie Australier kennen, werden diese sich immer mit ihrem Vornamen vorstellen.

Kurz-Knigge

Zum Hallo sagen gibt man sich dann normalerweise die Hand, aber kumpelhaft!

Australier sind im ungeheuer stolz auf ihr Land und vertragen Kritik nicht besonders gut. Seien Sie also sparsam mit kritischen Anmerkungen! Die Nationalhymne **Advance Australia Fair** kann kaum einer singen, die löste nämlich erst 1984 das britische **God Save the Queen** ab. Aber dafür kann jeder das alte Volkslied **Waltzing Matilda** singen. Es ist voller ocker terms - *rein australischer Begriffe*, die ihren Ursprung in der Sprache der Aborigines und der ersten Einwanderer haben.

In der Öffentlichkeit dürfen sie keinen Alkohol trinken und im Wagen schon mal gar nicht! Zum Verkauf braucht man das Prädikat licensed – *lizensiert*. Ein bottle shop bzw. liquor store – *Spirituosenladen* hat eine solche Lizenz, aber längst nicht jedes Restaurant! Dort heißt es dann meist BYO - *bring dein eigenen (Alkohol)*. Das Mitgebrachte dürfen Sie dann dort trinken.

Als Raucher möchten Sie vielleicht ein paar Worte mit der Raucherminderheit austauschen. Rauchen ist nämlich in allen Gaststätten verboten, also müssen Sie vor die Tür.

Man sieht häufig Hinweisschilder an Kneipen oder Restaurants, dass man ordentlich angezogen sein muss, um das Lokal zu betreten. D.h. man sollte nicht barfuß sein, keine Badelatschen anhaben und keinen freien Oberkörper, bzw. nicht in Badesachen gekleidet sein.

Waltzing Matilda:
„Once a jolly swagman camped by a billabong
Under the shade of a coolibah tree
And he sang as he watched and waited till his billy boiled
You'll come a-waltzing Matilda with me..."

Neat casual dress required.
= *ordentliche bequeme Kleidung benötigt.*

Floskeln & Redewendungen

Floskeln & Redewendungen

Begrüßen geht ganz einfach. Auf das How are you? sollten Sie aber nur antworten, wenn es Freunde sind. Ist es eine Bedienung oder ein Verkäufer, etc. will dieser keine Antwort hören, sondern Ihnen weiterhelfen.

G'day!
gdäj
guten Tag
Guten Tag!

Hi!
haj
hallo
Hi!

How are you today, mate?
hauwarje tedäj mäjt
wie bist du heute Kumpel
Wie geht's?

How's it goin'?
hauwsid gowin
wie'ist es gehend
Wie geht's?

How are you (goin')?
hauwarje (gowin)
wie bist du (gehend)
Wie geht's?

Yeah alright, thanks.
jä'e owrajt ðängkß
ja in-Ordnung danke
Alles ok, danke.

Not bad.
not bäd
nicht schlecht
Ganz ok, danke.

See you!
ßiej je
seh dich
Auf Wiedersehen!

Catch you later!
kätschje lajde
fange dich später
Bis dann!

Bye!
baj
tschüss
Tschüss!

Immer seltener, aber dennoch gebraucht ist die absolute ocker-*Variante:* Hooroo! huwruw – *Tschüss.*

Let's keep in touch.
lätß kiejp in tatsch
lass'uns halten in Kontakt
Lass uns in Kontakt bleiben.

Floskeln & Redewendungen

How about we have dinner sometime?
hauw ebauwt wiej häv dine ßamtajm
wie über wir haben aus-Essen irgendwann
Wie wär's wenn wir mal zusammen essen gehen?

Do you have any plans for tonight?
djuw häv äniej pläns fo'e tenajt
tun du haben irdendein Pläne für zu-Nacht
Hast du heute Abend schon was vor?

I'm sorry, I can't. How about next week?
ajm ßoriej aj kant hauw ebauwt näkßt wiejk
ich'bin Leid ich kann-n'icht wie über nächste Woche
Es tut mir Leid, ich kann nicht. Wie wäre es mit nächster Woche?

Tuesday is fine. How about 7 o'clock?
tjuwsdäj is fajn hauw ebauwt ßäven eklok
Dienstag ist fein wie über 7 Uhr
Dienstag ist ok. Wie wär's mit 7 Uhr?

Gute Wünsche

Good night!   I'm going to hit the sack.
gud najd   ajm gone hit ðe ßäk
gute Nacht   ich'bin gehend zu treffen der Sack
Gute Nacht! Ich gehe schlafen.

Sleep well!   I'm going to take a nap.
ßliejp wäl   ajm gone tajke näp
schlaf gut   ich'bin gehend zu nehmen ein Schlaf
Schlaf gut! Ich lege mich mal kurz hin.

Floskeln & Redewendungen

Happy birthday!	Glückw. z. Geburtstag!	häpiej bööðdäj
Happy anniversary!	... zum Jahrestag!	häpiej äniejvöösriej
Happy New Year!	Frohes Neues Jahr!	häpiej njuw jie'e
Happy Easter!	Frohe Ostern!	häpiej iejßte
Merry Christmas!	Fröhliche Weihnachten!	märiej krißmeß

Bitte und Danke

Could you help me please.
kudje hälp miej pliejs
könnstest du helfen mir bitte
Könntest du mir bitte helfen?

Thank you.	**Thanks, mate!**	**Ta!**
ðängkjuw	ðängkß mäjt	taa
dank dir	*danke Kumpel*	*danke*
Danke.	Danke.	Danke.

Wenn Sie überaus dankbar sind, können Sie auch mit entsprechendem Nachdruck in der Stimme sagen:
thanks heaps!
ðänkß hiejpß, *wörtlich: danke Haufen = Vielen Dank!*

I'd like two schooners, thanks.
ajd lajk tuw ßkuwnes ðängkß
ich würde mögen zwei Gläser-Bier, danke
Ich hätte gern zwei Bier bitte.

Yes/yep.	jäß/jap	Ja.
Alright.	owrajt	Ok, in Ordnung.
Okay.	owkäj	Ok, in Ordnung.
No(pe)./Nah.	now(p)/nah	Nein.
I'm sorry.	ajm ßoriej	Nein, leider nicht.
Can-do.	kän duw	Kann ich machen.
Maybe.	majbiej	Vielleicht.
We'll see.	wiejl ßiej	Schauen wir mal.
I don't know.	aj downow	Weiß ich nicht.
I hope so.	aj howp ßow	Hoffentlich.

Floskeln & Redewendungen

No worries!
now wöriejs
keine Sorgen
Kein Problem!

She'll be right!
schiejlbiej rajt
sie'wird sein richtig
Das kommt in Ordnung!

Good on ya (mate)!
gudonje (mäjt)
gut auf du (Kumpel)
Super!

Oh, that's not too bad!
ow ðädß nod tuw bäd
oh das'ist nicht zu schlecht
Das ist nicht übel!

Hat man auf den letzten Drücker noch etwas geschafft, z.B. den Bus noch erwischt, sagt man phew fjuw.

It's well worth the effort.
itß wäl wööð ðiej äfet
es'ist wohl wert die Mühe
Es ist die Mühe Wert.

You should give it a fair go.
juw schud givit e fä'e gow
du solltest geben es ein fair gehen
Du solltest es zumindest versuchen.

super!

beaut(y)	bjuwt/bjudiej	Super!
right	rajd	Genau!
too right	tuw rajd	Genau!
full-on	fulon	abgefahren
awesome	owßem	Spitze!
brilliant	briljend	Klasse!
bloody oath	bladiej owð	Oh Mann!
fucking oath	faking owð	Oh Mann!
bonzer	bonße	Super!
That's cool!	ðädß kuwl	Das ist cool!
That's wicked!	ðädß wiked	Klasse!

Floskeln & Redewendungen

I reckon ...
aj räken
ich vermuten
Ich denke ...

What do you reckon, mate, ...?
wodt duje räken mäjt
was tun du vermuten, Kumpel
Was meinst du, ...?

I suppose we could go there.
aj ßpows wiej kud gow ðä'e
ich schätzen wir könnten gehen dort
Ich schätze, wir könnten dorthin fahren.

Not bad, ay?!
nod bäd aj
nicht schlecht, he
Nicht übel, oder?!

Fair enough.
fä'e inaf
fair genug
Verständlich!

Am Ende eines Satzes hängen die Australier gerne ein rhetorisches ay aj *an.*

That seems pretty dodgy to me.
ðäd ßiejms pridiej dodshiej te miej
das scheint hübsch zweifelhaft zu mir
Das scheint mir nicht ganz ok zu sein.

Entschuldigung

Will man eine Frage stellen oder sein Weggehen entschuldigen, leitet man immer ein mit:

Excuse me, ...
ekßkjuws miej
Entschuldigung/Entschuldige mich, ...

... I'll just have a smoke outside.
... ajl dshaßt häve ßmowk auwtßajd
... ich'werde nur haben ein Rauch draußen
... ich werde draußen eine rauchen gehen.

das erste Gespräch

Geht etwas daneben, sagt man ganz lautmalerisch oops *wupß.*

Hat man jemanden angerempelt oder beleidigt, sagt man allerdings:

I'm sorry!
ajm ßoriej
Es tut mir Leid.

das erste Gespräch

Das erste Gespräch dreht sich auf allen Reisen eigentlich immer darum, woher man kommt.

Where're you from?
wääje from
wo'bist du von
Woher kommst du?

Where're you heading?
wääje häding
wo'bist du hingehend
Wohin gehst du?

Switzerland
ßwitßeländ
Schweiz

I'm from Germany.
ajm from dshöömeniej
ich'bin aus Deutschland
Ich stamme aus Deutschland.

Austria
owßtrieja
Österreich

I want to go to Darwin and the Gold Coast.
aj wanna gowte daawen en ðe gowld kowßt
ich will zu gehen zu Darwin und die gold Küste
Ich will nach Darwin und zur Gold Coast.

How long do you think you'll be staying?
hauw long djuw ðink juwl biej ßtäjing
wie lange tun du denken du'wirst sein bleibend
Wie lange wirst du bleiben?

das erste Gespräch

I plan to stay for 3 months.
aj plänte ßtäj fo'e ðriej manðß
ich plane zu bleiben für 3 Monate
Ich habe vor, drei Monate zu bleiben.

I'm here on a working holiday visa.
ajm hie'e one wööking holiejdäj viejsa
ich'bin hier auf ein arbeitend ferien Visum
Ich bin hier mit einem Ferienarbeitsvisum.

Where do you/your parents live?
wä'e duw juw/jer pärentß liv
wo tun du/deine Eltern leben
Wo lebst du/leben deine Eltern?

Die Hauptstadt ist Australian Capital Territory (ACT) eßträljjen käpidel täretriej (äj siej tiej) mit Canberra känbre. Die Staaten und Hauptstädte:

Western Australia (WA) wäßten eßträlje (dabeljuw äj)	Perth pööð
Queensland (QLD) kwiejnsländ	Brisbane brisben
Northern Territory (NT) noðen täretriej (än tiej)	Darwin daawen
South Australia (SA) ßauwð eßträljje (äß äj)	Adelaide ädeläjd
New South Wales (NSW) njuw ßauwð wäjls	Sydney ßidniej
Victoria (VIC) viktorje	Melbourne mälböön
Tasmania (TAS) täßmäjnje (täßiej)	Hobart howbaat

What's the population of Australia?
wotß ðe popjuläjschn of eßträlje
was'ist die Einwohnerzahl von Australien
Wie viel Einwohner hat Australien?

sixty-seven ßikßtiej ßäven | **67**

das erste Gespräch

Da es einfach viel zu viele Länder gibt, aus denen ein Australier stammen kann, finden sie die Länder in der Wortliste am Buchende.

What country do your parents originate from?
wodt kantrij duwje pärentß oridshenäjt from
was Land tun deine Eltern herkommen von
Wo kommen deine Eltern ursprünglich her?

My father is Dutch.
maj faaðe is datsch
mein Vater ist niederländisch
Mein Vater ist Niederländer.

Do you still have rellies over there?
djuw ßtil häve räliejs owe ðä'e
tun du noch haben Verwandte über dort
Hast du noch Verwandte dort?

I'm half Aboriginal.
ajm haaf äberidshenel
ich'bin halb Aborigine
Ich bin halb Aborigine.

Wenn ein nicht-englischstämmiger Australier von Engländern oder von Australiern mit britischem Akzent spricht, dann ist die Person ein **pom** pom *oder spricht/ist* **pommy** pomiej.

Do you still have English citizenship?
djuw ßtil häv ingglisch ßitisenschip
tutst du noch haben Englisch Nationalität
Hast du noch die englische Nationalität?

Yes, I have dual citizenship.
jäß aj häv djuwel ßitisenschip
ja ich habe zwei Nationalität
Ja ich habe zwei Nationalitäten.

Do you have any brothers or sisters?
djuw häv äniej braðes o'e ßißtes
tun du haben irgendein Brüder oder Schwestern
Hast du Geschwister?

das erste Gespräch

Familie – family fämliej		
parent	pärent	Elternteil
mother/mum	maðe/mam	Mutter
father/dad	faaðe/däd	Vater
grandparent	gränpärent	Großelternteil
grandfather	gränfaaðe	Großvater
grandmother	gränmaðe	Großmutter
brother	braðe	Bruder
sis(ter)	ßiß(te)	Schwester
twin	twin	Zwilling
aunt(ie), uncle	ant(iej), ankel	Tante, Onkel
niece, nephew	niejß, näfjuw	Nichte, Neffe
cousin	kasen	Cousin(e)

Zur näheren Beschreibung helfen:
elder älde *älter*
younger jangge *jünger*
step- ßtäp *Stief-*
in-law in lo *Schwieger-*

Are you married?
aaje märiejd
bist du verheiratet
Bist du verheiratet?

I'm single.
ajm ßinggel
ich bin single
Ich bin single.

engaged
engäjdshd
verlobt

How long have you been going out?
hauw long häv juw biejn gowin auwd
wie lang hast du gewesen gehend aus
Wie lang seid ihr schon zusammen?

separated (from)
ßäperäjded (from)
getrennt (von)

We just got together.
wiej dshaßt got tugäðe
wir gerade bekommen zusammen
Wir sind gerade erst zusammen.

divorced
devoosd
geschieden

Do you have any kids/kiddies/children?
djuw häv äniej kids/kidies/tschildren
tun du haben irgendein Kinder
Haben Sie Kinder?

sixty-nine ßikßtiej najn | **69**

das erste Gespräch

	relationship	riejläjschnschip	Beziehung
(best) friend	**wife, husband**	wajf, hasbend	Ehefrau, -mann
(bäßt) fränd	**partner**	paatne	Partner(in)
(beste/r) Freund(in)	**boy-/girlfriend**	boij-/göölfränd	Freund/-in
neighbour	**widow(er)**	widow(e)	Witwe(r)
näjbe	**daughter, son**	dowte, ßan	Tochter, Sohn
Nachbar(in)	**(grand)child**	(grän)tscheild	(Enkel)Kind

boss **How did you meet?**
boß hauw didje miejt
Chef *wie tatet ihr treffen*
Wie habt ihr euch kennen gelernt?

collegue
koliejg **We met at a friend's party.**
Kollege(-in) wiej mäd äde fränds paatiej
wir trafen bei ein Freund'seiner Party
Wir haben uns auf der Party eines Freundes kennen gelernt.

das erste Gespräch

Ausbildung – profession prowfäschn

What do you do for a living?
wodt djuw duw fo'e e living
was tun du tun für ein lebend
Was machst du so beruflich?

I work in a pub.
aj wöök ine pab
ich arbeiten in ein Kneipe
Ich arbeite in einer Kneipe.

I'm on the dole.	**I'm a student.**	*In der Wortliste am*
ajm on ðe dol	ajm e ßtjudent	*Buchende finden Sie*
ich'bin auf das Arbeitslosengeld	*ich'bin ein Student*	*viele Berufe und*
Ich bin arbeitslos.	Ich bin Student.	*Fachgebiete.*

What's the average salary in Australia?
wotß ðiej avridsh ßäleriej in eßträljie
was'ist die Durchschnitt Gehalt in Australien
Wie hoch ist das Durchschnittsgehalt in Australien?

When do you knock off work today?
wän djuw nokof wöök tedäj
wann tun du klopfen ab Arbeit heute
Bis wann arbeitest du heute?

Here's my mobile phone number.
hies maj mowbajl fown nambe
hier ist meine mobil Telefon Nummer
Hier ist meine Handynummer.

seventy-one ßäventiej wan

das erste Gespräch

Just give me a ring.
dshaßt giv miej e ring
nur geben mir ein Klingeln
Ruf mich an!

I won't go to work.
aj wownt gowde wöök
ich werde-n'icht gehen zu Arbeit.
Ich gehe heute nicht arbeiten.

I'll take a sickie.
ajl tajk e ßikiej
ich'werde nehmen ein Krankheitstag
Ich bin heute krank.

	Ausbildung – education ädjuwkäjschn	
kindiej/kindegaaden	**kindy/kindergarten**	Kindergarten
präp	**prep**	Vorbereitungsjahr auf die Grundshule
prajmriej ßkuwl	**primary school**	Grundschule
ßäkendriej ßkuwl/ haj ßkuwl	**secondary school/ high school**	höhere Schule
pablik ßkuwl	**public school**	öffentliche Schule
gavenment ßkuwl	**government school**	staatliche Schule
prajvet ßkuwl	**private school**	Privatschule
juniej/junevöößediej)	**uni(versity)**	Universität
täjf	**TAFE**	Erwachsenenbildung
kowß	**course**	Kurs/Fach
tjuwischn fiej	**tuition fee**	Kursgebühr
häkß	**HECS**	Studiengeld
degriej, ßöö'tifiket	**degree, certificate**	Titel, Zertifikat
piejätschdiej, bätschele	**Ph.D. , bachelor**	Doktor, Magister
(eßowßjet) deplowma	**(associate) diploma**	Diplom

72 | seventy-two ßäventiej tuw

das erste Gespräch

Which course did you do?
witsch kowß didje duw
welches Kurse tatest du tun
Was hast du studiert/gelernt?

I studied Chinese.
aj ßtadied tschajniejs
ich studierte Chinesisch
Ich habe Chinesisch studiert.

Politik – politics poletikß

Möchten Sie die Gründe für den Ausgang des referendum räfe'rändem - *Referendums* 1999 erfahren, fangen Sie am besten so an:

Why do you still have the Queen?
waj djuw ßtil häv ðe kwiejn
warum tun du noch haben die Königin
Warum habt ihr noch die britische Königin?

Wouldn't you like to be a republic?
wudnt juw lajkte biej e riejpablik
würdest-n'icht du mögen zu sein eine Republik
Würdet ihr nicht gerne eine Republik sein?

Auf der australischen Flagge ist der britische Union Jack juwnjen dshäk *in klein. Der 7-zackige Stern steht für die sechs Staaten plus NT und die kleinen Sterne bilden das* southern cross ßaðen kroß *– das bekannteste Sternbild der südlichen Hemisphäre.*

seventy-three ßäventiej ðriej | **73**

das erste Gespräch

ðe komenwäld of eßträljje	**the Commonwealth of Australia**	Staatenföderation, gegründet 1901
gavenment	**government**	Regierung
prajm minißte	**Prime Minister**	Premierminister
gavene dshänrel	**Governor-General**	Staatsvertreter der brit. Königin
minißte	**minister**	Minister
paalement	**parliament**	Parlament
hauwsof represäntetivs	**House of Representatives**	(wie der Bundestag)
ßäned	**Senate**	(wie der Bundesrat)
paadiej	**party**	Partei
eläkschn	**election**	Wahl (sind compulsory kompalßeriej – *ein Muss!*)

	Wirtschaft – economics äkenomikß	
ägrekaltsche	**agriculture**	Landwirtschaft
kenßtrakschn	**construction**	Bauindustrie
däriej faaming	**dairy farming**	Milchwirtschaft
fisching indeßtriej	**fishing industry**	Fischzucht
foreßtriej	**forestry**	Forstwirtschaft
lajvßtok indeßtriej	**livestock industry**	Viehzucht
mänjuwfäktschering	**manufacturing**	verarbeitende Ind.
majning	**mining**	Bergbau
ßöövißß indeßtriej	**service industry**	Dienstleistung
tuwrism	**tourism**	Tourismus
träjd, aj tiej	**trade, IT**	Handel, IT
vitikaltsche	**viticulture**	Weinanbau

What are your main industries here?
wodt aa jer majn indeßtriejs hie'e
was sind deine Haupt Industrien hier
Was sind eure Hauptindustrien?

74 | seventy-four ßäventiej fo'e

zu Gast sein

Dreh und Angelpunkt der meisten Einladungen ist das barbie baabiej – *Grillen*.

I'll have some friends over for a barbie.
ajl häv ßam fräns owve fo'e e baabiej
ich'werde haben einige Freunde über für ein Grillen
Ich habe ein paar Freunde zum Grillen eingeladen.

It's BYO and bring a plate.
itß biej-waj-ow en bring e pläjt
es'ist bring-deinen-eigenen und bringe ein Teller
Bring deine eigenen Getränke und Fleisch mit und einen Salat/Nachtisch für alle.

Should I bring anything else?
schud aj bring äniejðing älß
sollte ich bringen irgendwas anderes
Soll ich sonst noch was mitbringen?

We'll get together for beers at my place.
wiejl gät tugäðe fo'e bies äd maj plajß
wir'werden bekommen zusammen für Biere bei mein Ort
Wir werden bei mir ein paar Bierchen trinken.

Howzat? Can you (guys/two) come?
hauwsat kän you (gajs/tuw) kam
wie-ist-das kannst du (Kerle/zwei) kommen
Wie steht's? Kannst du (könnt ihr) kommen?

Damit ein Grillabend für niemanden teuer wird und man ständig Parties feiern kann, bringt jeder meist sein eigenes Fleisch und alkoholische Getränke für sich selbst mit. Und weil keiner so viele Sitzgelegenheiten hat, bringt jeder auch seinen klappbaren Campingstuhl – deck chair däk tschä'e – *mit*.

zu Gast sein

Geschenke oder Blumen bringt man in der Regel nicht mit, außer es ist jemandes Geburtstag.

Come in.
kam in
kommen in
Komm herein!

Welcome!
wälkam
willkommen
Willkommen!

Where should I put this stuff?
wä'e schud aj put ðiß ßtaf
wo soll ich tun dies Zeug
Wo soll ich das Zeug abstellen?

Just put that in the fridge.
dshaßt put ðäd in ðe fridsh
nur stecken das in der Kühlschrank
Das kannst du in den Kühlschrank tun.

Wenn die Party schon ein Weilchen im Gange ist, wird vielleicht carpet bowls kaapet bowls – Boules im Haus auf dem Teppich gespielt.

Just make yourself comfy.
dshaßt majk jeßälf kamfiej
nur machen dich-selbst bequem
Mach's dir bequem.

What can I get you?
wodt kän aj gät juw
was kann ich bekommen dir
Was kann ich dir anbieten?

I'll help myself, thanks.
ajl hälp majßälf ðängkß
ich'werde helfen mir-selbst danke
Ich hol mir schon was, danke.

Let me show you around.
lät miej schow juw erauwnd
lass mich zeigen dich herum
Ich zeige dir mal das Haus.

zu Gast sein

This is the dining area.
ðißis ðe dajning ärja
dies ist die essend Raum
Das ist das Esszimmer.

family room	fämliej ruwm	Wohnzimmer	
lounge area	lauwndsh ärja	Wohnzimmer	
bedroom	bädruwm	Schlafzimmer	
bathroom	baaðruwm	Badezimmer	
toilet	toijlet	Toilette	
kitchen	kitschn	Küche	
upstairs	apßtäs	oben	
downstairs	dauwnßtäs	unten	
lounge chair	lauwndsh tschä'e	Sofa	
table	täjbel	Tisch	
chair	tschä'e	Stuhl	
cupboard	kabod	Schrank	
wardrobe	wodrowb	Kleiderschrank	
fridge	fridsh	Kühlschrank	
wine rack	wajn räk	Weinregal	

Die meisten australischen Häuser sind maximal zweigeschossig und haben weder cellar ßäle – *Keller noch* attic ädik – *Dachboden.*

I really like your veranda.
aj rieliej lajk jer ve'rände
ich wirklich mögen deine Veranda
Die Veranda ist wirklich sehr schön.

Die alten Häuser haben wunderschöne cast-iron ornaments kaaßt ajen onementß – *gußeiserne Verzierungen an den Verandas.*

Alles dreht sich um Land- und Hausbesitz. Sie werden feststellen, dass in Australien auch junge Leute schon in ihrem eigenen house hauwß – *Haus*, duplex djuwpläkß – *Zweiparteienhaus* oder zumindest einer eigenen unit juwnit – *Apartment* wohnen. Daher sind die Städte auch von ihrem Umfang her so groß.

zu Gast sein

Ein Haus im alten Darwin-Stil heißt Burnett house böönät hauws, steht erhöht auf Pfosten und hat rund herum zu öffnende Fenster in Form von Blenden.

In Queensland heißt ein ähnlicher Hausstil Queenslander kwiejnslände. Diese Bauweise ermöglichte die bestmögliche Ventilation in Zeiten ohne Elektrizität oder Klimaanlage.

When did you buy this place?
wän did juw baj ðiß plajß
wann tatest du kaufen diesen Ort
Wann hast du es gekauft?

It's a really nice block of land.
itß e riejliej najß blokof länd
es'ist ein wirklich nett Block von Land
Es ist ein wirklich schönes Grundstück.

Did you fix this place up yourself?
did juw fikß ðiß plajß ap jeßälf
tatest du reparieren diesen Ort auf du-selbst
Hast du das alles selbst renoviert?

Let me show you the garden.
lät miej schow juw ðe gaaden
lass mich zeigen dir der Garten
Ich zeige dir jetzt mal den Garten.

Kulinarische Genüsse

This is my best stallion/mare/foal.
ðißis maj bäßt ßtäljen/mä'e/fowl
das ist mein bester Hengst/Stute/Fohlen
Das ist mein bester Hengst/Stute/Fohlen.

Do you race them?
djuw rajß ðäm
tun du rennen ihnen
Nehmen Sie an Pferderennen teil?

Kulinarische Genüsse

Die australische Küche ist heute eine herrlich kulinarische Fusion altenglischer, italienischer, griechischer, libanesischer, asiatischer, deutscher Küche und vieles mehr.

pub/hotel	Hotel, Restaurant und Pub	pab/howtäl
restaurant	Restaurant	räßtrant
food court	Etage im Einkaufszentrum mit vielen Fastfood-Anbietern	fuwd kood
cafe, bistro	Café, Bistro	käfäj, bißtrow
roadhouse	Raststätte m. Tankstelle/Bistro	rowdhauwß
bakery	Bäckerei	bäkeriej
deli	Spezialitäten-Eckladen/Imbiss	däliej
milk bar	Eckladen/Imbiss in SA, WA	milk baa

smoke free zone **no smoking**
ßmowk friej sown now ßmowking
Rauch frei Zone *kein rauchend*
Nichtraucherzone Rauchen verboten!

seventy-nine ßäventiej najn

Kulinarische Genüsse

Are you hungry?
aa juw hangriej
bist du hungrig
Hast du Hunger?

Just a tad peckish.
dshaßt e täd päkisch
nur ein bisschen hungrig
Nur ein bisschen.

I'm starving.
ajm ßtaaving
ich'bin verhungernd
Ich bin super hungrig.

I wouldn't mind some tucker.
aj wudnd majnd ßam take
ich würde-n'icht ablehnen etwas Essbares
Ich könnte etwas zu Essen vertragen.

Mahlzeiten – meals miejls

bräkiej/bräkfeßt	**brekkie/breakfast**	Frühstück
moning tiej	**morning tea**	Gebäck m. Tee/Kaffee am Vormittag
kat lansch	**cut lunch**	selbstgemachte Brote
lansch	**lunch**	Mittagessen
aaftenuwn tiej	**afternoon tea**	Gebäck m. Tee/Kaffee am Nachmittag
ßape	**supper**	Abendessen
tiej	**tea**	warmes Abendessen
dine	**dinner**	Abendessen (aus essen)

In den meisten Cafés aber auch Restaurants hängt ein Schild in Nähe der Kasse please order and pay at counter – *bitte bestellen und bezahlen sie am Tresen*. Im traditionellen Pub oder Hotel nennt sich das dann auch countery

Kulinarische Genüsse

– *Tresenmahlzeit,* wird aber in einem von der Bar getrennten Raum, dem dining room – *Speisesaal* serviert. Man bringt Ihnen dann das Bestellte an den Tisch oder es wird eine Nummer zum Abholen aufgerufen.

menu	mänjuw	Speisekarte
course	kooß	Gang
entree	onträj	Vorspeise
main (course)	mäjn (kooß)	Hauptgericht
dessert	de'sööt	Nachspeise
smoothie	ßmuwðiej	Süßspeise

Dine-in or takeaway?
dajn in o'e tajkewäj
dinieren-in oder nehmen-weg
Zum hier Essen oder Mitnehmen?

Bedient man im Restaurant am Tisch, nennt sich das table service *täjbel ßööviß oder* sitdown meal *ßitdauwn miejl.*

Takeaway, please.
tajkewäj pliejs
nehmen-weg bitte
Zum Mitnehmen, bitte.

Anything to drink?
äniejðing te drink
irgendwas zu trinken
Und zu Trinken?

Kulinarische Genüsse

Zu Hause essen die Australier eher **toast** towßt – *Toastbrot* mit etwas drauf oder **cereals** ßieriejels – *Cerealien*. Der gestresste Städter kauft sich oft nur schnell ein belegtes **sandwich** ßänwitsch.

bäjken en ägs	**bacon & eggs**	Rührei und Speck
ßkrämbeld ägs	**scrambled eggs**	Rührei
boijld äg	**boiled egg**	gekochtes Ei
powtscht äg	**poached egg**	pochiertes Ei
frajd äg	**fried egg**	Spiegelei
omlet	**omelette**	Omelett mit **filling** filing

Das Toastbrot kommt immer ungetoasted, außer man hat ausdrücklich **toasted** towßted bestellt und extra bezahlt. Es ist meist **white** wajt – *weiß*, es gibt auch **multigrain** maldiejgräjn – *Mehrkorn* oder **wholemeal** howlmiejl – *Vollkorn*.

towßt	**toast**	Toastbrot
rowl	**roll**	längliches Brötchen
be'gät	**baguette**	Baguette(Brötchen) *französisch*
fe'katschje	**focaccia**	Brot mit Origano *italienisch*
lepiejnje	**lepinja**	Weißbrot m. Kräutern *serbisch*
(tschake) krwaßänt	**croissant**	Croissant *französisch*
räp	**wrap**	Pfannkuchen *amerikanisch*
räjsen towßt	**raisin toast**	Rosinenbrotscheibe
do'eßtop	**doorstop**	belegtes Brötchen
krampet	**garlic bread**	Knoblauchbrot
mafin	**muffin**	Hefeküchlein *amerikanisch*
pita bräd	**pita bread**	Weißbrottasche *griechisch*
bäjgel	**bagel**	Brötchen mit Loch *jiddisch*
dämpe	**damper**	Brot aus Mehl, Salz, Wasser in Kohle gebacken. *Aborigine*

Kulinarische Genüsse

Also womit können Sie das Brot Ihrer Wahl nun belegen lassen? Sie müssen im Detail sagen, was Sie haben wollen oder nennen nur eine Fleischzutat with the lot wið ðe lot – *mit allem*. Wollen Sie wirklich nichts drauf, nennt sich das plain pläjn – einfach.

A steak sandwich with the lot please.
e ßtäjk ßänwitsch wið ðe lot pliejs
ein Steak Sandwich mit der alles bitte
Ein Steak-Sandwich mit allem bitte.

I'd like a focaccia with ... thanks.
ajd lajk e fe'katschje wið ... ðängkß
ich'würde mögen ein Focaccia mit ... danke
Ich hätte gern ein Focaccia mit ..., bitte.

Ein steak sandwich with the lot ist ein gebratenes Steak, Salatblätter, rote Beete, Rührei, gebratener Speck, Ketchup und in NT auch ein Stück Ananas. Herrlich!

Der Australier isst mit Vorliebe Vegemite on toast vädshemajt on towßt – *Hefepaste auf Toastbrot. Es ist Geschmackssache, aber voll Vitamin B, was gegen einen Kater hilft.*

avocado	aave'kaadow	Avokado
bacon	bäjken	Speck
beetroot	biejtruwt	rote Bete
cheese	tschiejs	Käse
egg	äg	Ei
ham	häm	Schinken
onion	anjen	Zwiebel
roast beef	rowßt biejf	Rinderbraten
chicken	tschiken	Hähnchen
roast lamb	rowßt läm	Lammbraten
salami	ße'laamiej	Salami
salmon	ßämen	Lachs (geräuch.)
turkey	töökiej	Putenfleisch
steak	ßtäjk	Steak
tomato	te'maadow	Tomate
tuna	tjuwna	Tunfisch

Kulinarische Genüsse

	butter, margerine	Butter, Margarine
bade, maadsherin	**butter, margerine**	Butter, Margarine
dshäm, maßted	**jam, mustard**	Marmelade, Senf
humeß	**hummus**	Kichererbsenpüree
maje'najs	**mayonnaise**	Majonäse
ßwiejt tschiliej ßowß	**sweet chilli sauce**	süß-scharfe Chilisoße
te'maadow ßowß	**tomato sauce**	Ketchup

Anything else?
äniejðing älß
irgendwas anderes
Noch etwas?

bowl *sagt man im Restaurant*, cup *wenn man im Imbiss Servierbecher sieht.*

A bowl of wedges with sour cream, please.
e bowlof wädshes wið ßauwe kriejm pliejs
eine Schale von breite-Fritten mit saure Sahne bitte
Eine Portion Pommes mit saurer Sahne.

Pommes gibt es nur pur oder mit chickensalt tschiknßowt – Salz mit Hähnchengeschmack, nie Majonäse oder Ketchup dazu.

$4 worth of / minimum chips please.
fo'e doles wööðof / minimem tschipß pliejs
Dollar-vier wert von / Minimum Fritten bitte
Für $4 / kleine Portion Pommes, bitte.

Ein pie floater paj flowde ist ein Hackfleischkuchen in Erbsensuppe (gibt es nur in SA).

hamburger	hämbööge	Hamburger
steak burger	ßtäjk bööge	mit Steak
barra burger	bära bööge	mit Fisch
vege burger	vädshiej bööge	vegetarisch
pie	paj	Kuchen, süß
pastie	paaßtiej	Kuchen, herzhaft

I'd like fish and chips, thanks.
ajd lajk fisch en tschipß ðängkß
ich'würde mögen Fisch und Pommes danke
Ich nehme Fisch und Pommes, bitte.

Kulinarische Genüsse

Beim Fisch in fish & chips handelt es sich im Norden meist um den Süßwasserfisch barra(mundi) bäre(mandiej) und im Süden wird flake fläjk – *Haifisch und Rochen* verwendet.

Unter den Krustentieren hat Australien flache Krebse zu bieten, einmal Moreton bay bugs moten bäj bags, die in Meeresbuchten vorkommen und die Süßwasservariante yabbies jäbiejs. Größere Geschwister sind crayfish kräjfisch und der heißbegehrte Hummer: rock lobster rok lobßte. Sie gehören wie die oysters oijßtes – *Austern* zu den teuren Exportprodukten. Außerdem gibt es prawns prowns – *große Krabben.*

Eine eher künstliche Angelegenheit sind fishcake fischkäjk, *kleine Küchlein aus gepressten Fischfleischresten oder das pink gefärbte* crabmeat kräbmiejt – *Krabbenfleisch.*

I'd like a dozen oysters as an entree please.
ajd lajk e dosen oijßtes äs en onträj pliejs
ich'würde mögen ein Dutzend Austern als eine Vorspeise bitte
Ich hätte gern ein Dutzend Austern als Vorspeise.

As a main I'd like the crocodile cutlets/tail.
äs e mäjn ajd lajk ðe krokedajl katletß/täjl
als ein Haupt- ich'würde mögen die Krokodil Koteletts/Schwanz
Als Hauptgericht nehme ich die Krokodil Koteletts/den Krokodilschwanz.

I'd like a seafood/fisherman's basket.
ajd lajk e ßiejfuwd/fischermens baaßket
ich'würde mögen ein Meerestier/Fischer'sein Korb
Ich hätte gern die Meerestier-/Fischplatte.

Wenn Sie eine Meerestierplatte bestellen, sind auch Tintenfischringe dabei: squid ßkwid *oder* calamari kalamariej.

Kulinarische Genüsse

In einer scharfen combination laksa sind Kokosmilch, Huhn- und Rindfleisch, Tintenfisch, Gemüse und Krabben.

... **the combination laksa / surf 'n' turf.**
... ðe kombienäjschn lakßa / ßööfen tööf
... *die Kombination Laksa / surfen und Torf*
... die Laksa mit allem / Steak mit Krabben.

Fleisch – meat miejt

beef steak	biejf ßtäjk	Beefsteak
T-bone steak	tiej bown ßtäjk	T-Bone-Steak
porterhouse	podehauws	dickes T-Bone
(scotch) fillet	(ßkotsch) filet	Filet
rump steak	ramp ßtäjk	Rumpsteak
beef stew	biejf ßtjuw	Rindergulasch

How would you like your steak?
hauw wud juw lajk jer ßtäjk
wie würdest du mögen dein Steak
Wie möchten Sie Ihr Steak?

Als Soßen gibt es allen voran Diane sauce dajän ßowß – braune Steaksoße, pepper sauce päpe ßowß – Pfeffersoße, mushroom sauce maschruwm ßowß – Champignonsoße, garlic sauce gaalik ßowß – Knoblauchsoße oder gravy gräjviej – Bratensud.

rare/blue	rä'e/bluw	blutig
medium rare	miejdjem rä'e	mittel-blutig
medium	miejdjem	mittel, medium
well-done	wäldan	durchgebraten

Beim Barbecue gibt es auch immer snags ßnägs – *Würstchen*. Apropos, bangers and mash bänges en mäsch – *Würstchen mit Kartoffelpüree*, gehören zu den Standardgerichten. fritz fritz oder devon däven sind luftgetrocknete Würste, die kalt gegessen werden. Die letzte Wurst ist schließlich der aus Amerika stammende hot dog hot dog. Und eine Frikadelle ist eine rissole risowl aus mincemeat minßmiejt – *Gehacktem*.

Kulinarische Genüsse

Could I have some pepper/salt please?
kud aj häv ßam päpe/ßowt pliejs
könnte ich haben einige Pfeffer/Salz bitte
Kann ich bitte etwas Pfeffer/Salz haben?

How is your meat?   **It's beautifully tender!**
hauw is jer miejt   itß bjuwdefeliej tände
wie ist dein Fleisch   *es'ist wunderschön zart*
Wie ist dein Fleisch?   Es ist wunderbar zart!

It's underdone/overcooked.
itß andedan/owvekukt
es'ist unter-gegemacht/über-gekocht
Es ist nicht richtig gekocht / verkocht.

Kalb, z.B. veal parma/parmesano viejl paama/paamesshaanow – mit einer Lage Tomatenpaste und Parmesankäse belegt	**veal** viejl
Lammfleisch, entweder als roast rowßt – *Braten*, ein rack of lamb räkof läm – *Rippchen* oder yiros jiejroß – *Gyrosfleisch*	**lamb** läm
Hähnchen, entweder als roast rowßt – *Braten*, wings wings – *Flügel*, drumsticks dramßtikß – *Hähnchenunterschenkel*, legs lägs – *Schenkel* oder satay sticks ßatäj ßtikß – *Hähnchenspieße mit Erdnusssoße*	**chicken** tschiken
Schweinefleisch. Nicht so beliebt, weil es so intensiv nach Schwein schmeckt und riecht.	**pork** pook
Känguru (rotes Fleisch zwischen Wild und Rindfleisch, leicht blutig ist es am besten)	**(kanga)roo** (känge)ruw
Emu, ebenfalls rotes Fleisch, besonders als Carpaccio geschätzt!	**emu** iejmjuw
Ente, vor allem beim Chinesen	**duck** dak

eighty-seven ajtiej ßäven

Kulinarische Genüsse

Is everything okay?
is ävriejðing owkäj
ist alle-Dinge o.k.
Ist alles in Ordnung?

Could I have a fork, please?
kud aj häv e fowk pliejs
könnte ich haben eine Gabel bitte
Könnte ich bitte eine Gabel bekommen?

knife, fork	najf, fook	Messer, Gabel
spoon	ßpuwn	Löffel
chopsticks	tschopßtikß	Essstäbchen
serviette	ßövjäd	Serviette
plate, bowl	pläjt, bowl	Teller, Schale

Gemüse – vegies vädshiejs

Wer die Gemüsesorten namentlich braucht, findet sie in der Wörterliste am Buchende.

Would you like salad or veggies?
wud juw lajk ßäled o'e vädshiejs
würden du mögen Salat oder Gemüse
Möchten Sie Salat oder Gemüse dazu?

What does the surf 'n' turf come with, please?
wodt das ðe ßöf en tööf kam wið pliejs
was tut der surfen und Torf kommen mit bitte
Was gibt es als Beilage zum Steak-Krabben?

Could I have a green salad instead, please?
kud aj häv e griejn ßäled inßtäd pliejs
könnte ich haben ein grün Salat stattdessen bitte
Könnte ich stattdessen einen grünen Salat bekommen?

Kulinarische Genüsse

boiled potatoes	gekochte Kartoffeln	boijld petäjdows
baked potato	Folienkartoffel	bajkd petäjdow
spuds, chats	kleine Kartoffeln	ßpads, tschätß
potato fritters	Reibekuchen/Rösti	petäjdow frides
hash browns	Reibekuchen/Rösti	häsch brauwns
scallops	Rösti (NSW, QLD)	ßkalopß
mash	Kartoffelpüree	mäsch
kumara/sweet potato	Süßkartoffel	kumere/ßwiejt petäjdow
corn jack	Maiskrokette	kown dshäk
spring roll	Frühlingsrolle	ßpring rowl
chiko roll	große Frühlingsrolle	tschiekow rowl
greek salad	griechischer Salat	griejk ßäled
Caesar's salad	Caesar Salat	ßiejses ßäled

How is/was your meal?
hauw is/wos jer miejl
wie ist/war dein Mahlzeit
Wie ist/war dein Gericht?

A bit too spicy/bland/hot/salty/sweet.
e bit tuw ßpajsiej/bländ/hot/ßoldiej/ßwiejt
ein bisschen zu scharf/fad/heiß/salzig/süß
Ein bisschen zu scharf/fad/heiß/salzig/süß.

Very nice, thank you.
väriej najß ðängkjuw
sehr nett danke dir
Sehr gut, danke.

I'd like to pay, please.
ajd lajkte päj pliejs
ich'würde mögen zu zahlen bitte
Ich würde gern zahlen.

Kulinarische Genüsse

Wenn Ihr australischer Bekannter einfach alles für Sie gezahlt hat, zahlen Sie am besten bei nächsen Mal und sagen:

I owe you lunch.
aj ow juw lansch
ich schulden dir Mittagessen
Jetzt schulde ich dir ein Mittagessen.

I'll get it next time.
ajl gädidt näkßtajm
ich bekommen es nächte Zeit
Das nächste Mal zahle ich.

Süßes – sweet stuff ßwiejt ßtaf

Wenn Sie ein Fan von smoothies ßmuwðies – Süßspeisen oder ice-cream ajßkriejm – *Eiscreme* sind, sollten Sie unbedingt macadamia mäkedäjmieja – *Macadamnuss* probieren, denn die kommt ursprünglich aus Australien.

Kulinarische Genüsse

apple, apricot	Apfel, Aprikose	äpel, ä'preket
banana, blackcurrant	Banane, Johanisbeere	benaanaa, bläk'karend
cherry, kiwifruit	Kirsche, Kiwi	tschäriej, kiejwiejfruwt
honeydew melon	Honigmelone	haniejdjuw mälen
lemon, mango	Zitrone, Mango	lämen, mänggow
mandarine, orange	Mandarine, Apfelsine	mänderiejn, orensh
passionfruit	Passionfrucht	päschnfruwt
paw paw, peach	Papaya, Pfirsich	pow pow, piejtsch
pear, pineapple	Birne, Ananas	pä'e, pajnäpl
plum, strawberry	Pflaume, Erdbeere	plam, ßtrowbriej
rock melon	Honigmelone	rok mälen
watermelon	Wassermelone	wodemälen

I'd like two scoops of peach, please.
ajd lajkte ßkupßof pietsch pliejs
ich'würde mögen zwei Kugeln von Pfirsich bitte
Ich hätte gern zwei Kugeln Pfirsich bitte.

cup kap *Becher*
cone kown *Hörnchen*

... a milk-/thickshake with mango thanks.
... e milkschäjk /ðikschäjk wið mänggow ðängkß
... *ein Milchshake/dick-Shake mit Mango danke*
... ein Mango-Milchshake (mit mehr Eis) bitte.

Andere süße Sachen sind cake käjk – *Kuchen*, tart tart – *Torte*, bickie bikiej – *Keke*, scone ßkon – *Gebäck*, das man mit cream kriejm – *Sahne* und jam dshäm – *Marmelade* isst. Ein typisch australischer Nachtisch mit Baiser und Früchten ist Pav(lova) pävlowwa. Schokolade nennt man chockie tschokiej oder chocolate tschoklet aber chocolates sind Pralinen. Andere Süßigkeiten nennt man lollies loliejs oder sweets ßwiejts. Ein Kaugummi ist ein chewie tschuwiej.

Kaffee, Bier, Wein & Co.

Kaffee, Bier, Wein & Co.

In der Mittagspause besorgen sich Büroangestellte schnell eine Kaffeedosis:

(käfäj) latäj	**(caffe) latte**	aufgeschäumte Milch mit Espresso im Glas (1:1)
kap(e'tschiejnow) mage'tschiejnow	**capp(uccino)**	Cappuccino, im großer Tasse auch: muggacchino
flät wajt	**flat white**	aufgeschäumte Milch mit Espresso in Tasse (3:1)
schowt bläk	**short black**	kleiner starker Espresso
long bläk	**long black**	großer Espresso
me'kiatow	**macchiato**	Espresso + etwas Milch
dabl äß'präßow	**double espresso**	doppelter Espresso
viejäne kofiej	**vienna coffee**	Kaffee mit Sahnehaube
wajt kofiej	**white coffee**	Kaffee mit Milch
moka	**mocha**	Mocca
diejkäf	**decaf**	entkoffeinierter Kaffee
ßoija kofiej	**soya coffee**	Kaffee m. Sojamilch
ajßd kofiej	**iced coffee**	Eiskaffee
plandshe kofiej	**plunger coffee**	aufgebrühter Kaffee

One latte to go, thanks.
wan latäj tegow ðängkß
ein Latte-Kaffee zu gehen danke
Einen Kaffee Latte zum Mitnehmen, bitte.

Small, medium or large?
ßmol, miedjem o'e laadsh
klein, mittel oder groß
Klein, mittel oder groß?

Kaffee, Bier, Wein & Co.

tea/cuppa	Tee/Tasse Tee	tiej/kape
hot chocolate	heiße Schokolade	hot tschoklet
water	Wasser	wote
juice, OJ	Saft, Orangensaft	dshuwß, ow dshäj
soft drink	Limonade	ßoft drink
lemonade	Limonade (nur Zitrone!)	lämenäjd
diet coke	Cola light	dajet kowk
cordial	Siruplimonade	kordjel
spider	Limonade mit Eiscreme	ßpajde
cider	Apfelcidre	ßajde
milo	eine Art Kakao (Marke)	majlow

I'd like a cuppa, please.

ajd lajk e kapa pliejs
ich'würde mögen ein Tasse-Tee bitte
Ich hätte gerne eine Tasse Tee.

cup, mug	kap, mag	Tasse, große Tasse
jug	dschag	Glaskanne
pot	pot	Kanne (für Heißes)
pitcher	pitsche	Glaskanne Bier
glass, bottle	glaß, bodel	Glas, Flasche

Let's go for a pub crawl!

lätß gow fo'e e pab krowl
lass'uns gehen für eine Kneipe kriechen
Lass uns eine Kneipentour machen!

bundy	bandiej	Queensland-Rum
mixed drink	mikßt drink	Cocktail
spirits	ßpiritß	Spirituosen
liqueur	le'kjuwe	Likör
whiskey	wißkiej	Whisky

grog grog – *Alkohol ausschenken dürfen* nur **fully licensed** fuliej lajßenßd – *voll lizensierte* **pubs** pabs, **bars** baas – *Kneipen und Restaurants.*

Kaffee, Bier, Wein & Co.

Bier – beer bie'e

lager laage	helles Bier im würzigen Pilsstil, dark lager daak lage – *dunkles Lager* ist dunkel, schwer
ale äjl	Es kann bitter und würzig (bitter bide – *bitter*, old owld – *alt*) sein. Ein pale ale päjl äjl – *blass Ale* ist hell und malzig
stout ßtauwt	schweres fast schwarzes Bier (porter powte)
wheat beer wiejt bie'e	Weizenbier, meist mit Zitrone serviert
light beer lajt bie'e	Alkoholreduziertes Bier, kann midstrength midßträngß – *mittelschwer* = 3,5% sein!
shandy schändiej	Bier mit Limo oder Ingwerbier
ginger beer dshindshe bie'e	Ingwerbier
homebrew howmbruw	selbstgebrautes Bier

Ein Glas Bier hat in allen Bundesstaaten unterschiedliche Namen (die Zahlen beziehen sich auf das alte Maß ounces auwnßes).

	S	M	L	XL
QLD	**glass** glaaß	**pot** pot	**schooner** ßkuwne	–
NT	**six** ßikß	**seven** ßäven	**handle** händel	–
NSW, ACT	**seven** ßäven	**middy** midiej	**schooner** ßkuwne	**pint** pajnt
VIC	**glass** glaaß	**pot** pot	–	–
WA	**bobby/glass** bobiej/glaaß	**middy** midiej	**pot/ten** pot/tän	–
SA	**butcher** butsche	**schooner** ßkuwne	**pint/kite** pajnt/kajt	–
TAS	**six** ßikß	**eight** ajt	**ten** tän	**twenty** twäniej

Kaffee, Bier, Wein & Co.

Bierflaschen kommen als **stubbie** ßtabiej (375ml) und größere (750ml) heißen **longneck** longnäk, **largie** laadshiej, **tallie** tooliej oder in WA **kingbrown** kingbrauwn. Im **drive-thru** draiv ðruw – *Drive-in* kann man sich den **carton** kaaten – *Karton Bier* oder einen **slab** ßläb verschweißte Packung gleich ins Auto laden lassen. Für eine Party nimmt man gleich ein **keg** käg – *Fass*.

I'm getting quite pissed.
ajm gäding kwajt pisd
ich'bin bekommend recht pissend
Ich bin recht besoffen.

It's my shout.
itß maj schauwt
es'ist mein Ruf
Diese Runde geht auf mich.

Another beer?
enaðe bie'e
ein-anderes Bier
Noch ein Bier?

Can I have a stubbie-holder, please?
kän aj häv e ßtabiej howlde pliejs
kann ich haben ein Kurzen-Halter bitte
Kann ich bitte einen Bierkühler haben?

Zum kühl halten wird das Bier in warmen Wetter in einen **stubbie-holder** ßtabiej howlde – *Bierflaschenhalter* aus Neopren oder Styropor gesteckt.

ninety-five najntiej fajv | **95**

Kaffee, Bier, Wein & Co.

Hört man den Ruf **What's on tap/draught?**
last round wotß on täp/draaft
laaßt rauwnd *was'ist auf Zapfhahn*
– letzte Runde Was habt ihr vom Fass?
ist die Nacht in dieser
Kneipe fast vorbei! **Four schooners of Cooper's Pale thanks.**
fo'e ßkuwnes of kupes pajl ðängkß
vier mittlere-Gläser von Cooper'sein Blass danke
Vier Gläser Cooper's Pale bitte.

Wein — wine wajn

Australien produziert white wine wajt wajn – *Weißwein*, red wine räd wajn – *Rotwein*, sparkling white ßpakling wajt – *Sekt*, sparkling red ßpakling räd – *roter Sekt*, fortified wine fowdefajd wajn – *Weinbrand*, port powt – *Portwein*. Kaufen Sie bei einer winery wajneriej – *Weingut* an der cellar door ßäle do'e – *Kellertür*.

QUITTUNG

Buchhaus Weiland GmbH
Herzog-Friedrich-Str. 30-42
24103 Kiel
Tel.: (04 31) 9 82 15 - 0

Datum: 22.1.2004 14:36 Kasse: 51

```
 1 Cyriacks H: Sprachführer   6.60 1
 1 REISE 16%                 16.80 2
```

End-Betrag EUR   23.40
========================

Gegeben Bankeinzug   23.40
Rückgeld   0.00
Im Betrag von   6.60
sind 7.00% Mwst =   0.43
Im Betrag von   16.80
sind 16.00% Mwst =   2.32
Warenwert   20.65

Datum:22.1.2004 14:36 K:51 Bon#276

Vielen Dank für Ihren Einkauf!

Kaffee, Bier, Wein & Co.

I'd like to go wine tasting.
ajd lajk tegow wajn tajßting
ich'würde mögen zu gehen Wein schmeckend
Ich würde gerne zu einer Weinprobe gehen.

Can I see the wine list, please?
kän aj ßiej ðe wajnlißt pliejs
kann ich sehen die Weinliste bitte
Kann ich bitte die Weinliste sehen?

Which grape varieties are in this wine?
witsch gräjp verajediejs aa in ðiß wajn
welche Traube Varianten sind in dies Wein
Welche Rebsorten sind in diesem Wein?

We'd like to taste the '98 Shiraz.
wiejd lajkte täjßt ðe najntiejäjd schiejräs
wir'würden mögen zu probieren der '98 Shiraz
Wir möchten den 98er Shiraz probieren.

Who wants to taste?
huw wontßte tajßt
wer möchte zu schmecken
Wer möchte (den Wein) probieren?

Die Rebsorten sind:
Semillion ßämijō,
Chardonnay schadonäj,
Pinot Noir piejnow nwae,
Shiraz schiejräs,
Cabernet Sauvignon käbenäj ßowvinjō *oder*
Cab Sav käb ßäv,
Riesling riejsling,
Grenache grenasch,
Merlot möölow.

Haben Sie Alkohol mitgebracht in ein BYO - restaurant biej-waj-ow-räßtraand – *Restaurant in das man Alkohol selbst mitbringen kann,* heißt es:

corkage $3.50 per bottle
kowkidsh ðriej-doles-fiftiej pö'e bodel
Entkorkungsgebühr Dollar-3,50 pro Flasche
Entkorkungsgebühr: 3,50 Dollar.

Shopping

GST = goods and services tax

Seit dem Jahr 2000 gibt es auch in Australien die Mehrwertsteuer: GST included dshiej äß tiej inkluwded – *inklusive Mehrwertsteuer*.

How are you today?
hauwaa juw tedäj
wie bist du heute
Wie geht's?

Can I help you?
känaj hälp juw
kann ich helfen dir
Kann ich Ihnen helfen?

Thanks. I'm just browsing.
ðängkß ajm dshaßt brauwsing
danke ich'bin nur guckend
Danke, ich will mich nur mal umschauen.

	shop	Geschäft
schop	shop	Geschäft
njusäjdshensiej	newsagency	Zeitschriftenkiosk
fruwten vädsh	fruit and veg	Obst- + Gemüseladen
mowl	mall	Einkaufszentrum
bodel schop	bottle shop	Alkoholladen
like ßto'e	liquor store	Alkoholladen
kenvienjenß ßto'e	convenience store	24-Std.-Supermarkt
supeaaked	supermarket	Supermarkt
bäjke(riej)	baker(y)	Bäckerei
butsche	butcher	Metzger(-abteilung)
maaket	market	Markt
depaatment ßto'e	department store	Kaufhaus
schoping sände	shopping centre	Einkaufszentrum

Die Angabe von Öffnungszeiten ist zuweilen recht kreativ: opening hours: Monday: 7am until 10pm, Friday: 7am until late. D.h. dass der Laden eventuell länger als 10 Uhr geöffnet hat, wenn denn noch Kunden kommen.

open (daily)	(täglich) geöffnet	owpen (däjliej)
closed	geschlossen	klowsd
weekdays, weekend	Wochentage, -ende	wiejkdäjs, wiejkänd
sales	Ausverkauf	ßajls
all stock must go	totaler Ausverkauf	ol ßtok maßt gow
discount	Preisnachlass	dißkauwnt
sold out	ausverkauft	ßowld auwt

I'll take two lots of these bickies, thanks.
ajl tajk tuw lotßof ðiejs bikiejs ðängkß
ich'werde nehmen zwei Mengen von diese Kekse danke
Ich nehme zwei Mal diese Kekse, bitte.

I'd like this pair of thongs, please.
ajd lajk ðiß pärof ðongs pliejs
ich'würde mögen dies Paar von Badelatschen bitte
Ich hätte gern dieses Paar Badelatschen.

Do you have any Driza-bone coats?
djuw häv äniej drajsebown kowtß
tun du haben irdendein Driza-bone Mäntel
Haben Sie Driza-bone Mäntel?

Driza-bone *ist eine Marke für wasserdichte Wachsbeschichtungen, besonders für die traditionellen Lederhüte und -mäntel.*

Kleidung — clothes klowðß

Wer geht nicht gerne clobber klobe oder neues gear gie'e kaufen? Die Badehose wird in NSW cozzie kosiej genannt, in QLD und VIC

Shopping

Am berühmtesten ist der Outback-Hut, der Akubra ekuwbraa *– eine australische Hutmarke.*

swimmers ßwimes oder togs togs, in SA, TAS, WA und NT aber bathers bäjðes. Ein Paar coole Surfshorts sind boardies bo'ediejs. Die uncoolen engen, kurzen Badehosen werden nach der Marke speedos ßpiejdows genannt. Die Mädels tragen hingegen alle einen bikini biejkiejniej, Badeanzüge sieht man seltener.

Hosen nennt man daks däkß oder pants päntß. Die kurzen sind shorts schootß. Sporthosen sind trackie daks träkiej dakß, eher formelle Hosen slacks ßläkß oder trousers trauwses, Jeans sind jeans dshiejns.

Unterhosen heißen für Männer und Frauen allgemein undies andiejs, spezifisch für Männer sind es jocks dshokß, briefs briejfß oder shorts schootß. Für Mädels sind es knickers nikes, panties pändiejs oder ein G-string dschiej ßtring. Dazu passend das Unterhemd singlet ßingglet oder BH bra braa.

top, schööt	**top, shirt**	ärmelloses Shirt, Shirt
tiej schööt, fläniej	**T-shirt, flannie**	T-shirt, Flanellhemd
dshampa, kaadigen	**jumper, cardigan**	Pullover, Wolljacke
dräß, ßkööt	**dress, skirt**	Kleid, Rock
(räjn) kowt, dshäket	**(rain) coat, jacket**	(Regen-) Jacke/Mantel
windtschiede	**windcheater**	Windjacke
dinne ßuwt	**dinner suit**	förmlicher Anzug
bält, schuws	**belt, shoes**	Gürtel, Schuhe
butß, ðongs	**boots, thongs**	Stiefel, Badelatschen
ßändels, dshoges	**sandals, joggers**	Sandalen, Turnschuhe
agiejs/ag buwtß	**uggies/ugg boots**	Schafsfellschuhe
ßtokings, ßokß	**stockings, socks**	Strumpfhose, Socken
hädt, biejniej	**hat, beanie**	Kappe/Hut, Wollmütze

Shopping

What kind of material is this?
wodt kajdof metierjel is ðiß
was Art von Material ist dies
Aus welchem Material ist das?

cotton, silk	koten, ßilk	Baumwolle, Seide
linen, leather	linen, läðe	Leinen, Leder
wool(len)	wul(en)	Wolle (aus Wolle)

Excuse me, which size is this?
ekßkjuws miej witsch ßajs is ðiß
entschuldigen mich welche Größe ist das
Entschuldigen Sie bitte, welche Größe ist das?

I'm size 38 in Germany.
ajm sajs ðöötiej ajt in dshöömeniej
ich'bin Größe 38 in Deutschland
Ich trage Größe 38 in Deutschland.

big, small	big, ßmowl	groß, klein
tight, loose	tajt, luwß	eng, locker
thin, thick	ðin, ðik	dünn, dick
long, short	long, schowt	lang, kurz

Sorry, this one is a tad too tight.
ßoriej ðiß wan is e täd tuw tajt
Enschludigung dies eins ist ein bisschen zu eng
Dies ist leider ein bisschen zu eng.

Do you have any larger/smaller ones?
djuw häv äniej laadshe/ßmole wans
tun du haben irgendein größer/kleiner ein-welches
Haben Sie auch größere/kleinere?

S = small
ßmol
klein

M = medium
miedjem
mittel

L = large
laadsh
groß

XL = extra large
ekßtraa laadsh
sehr groß

one hundred and one wan handriden wan

Shopping

How is that?	**Lovely!**	**It doesn't fit.**
hauw is ðäd	lavliej	idt dasnd fit
wie-ist-das	*lieblich*	*es tut-n'icht passen*
Und, wie ist es?	Schön!	Es passt nicht.

It's perfect!	**I'll take this one / these.**
itß pööfäkt	ajl täjk ðiß wan / ðiejs
es'ist perfekt	*ich'werde nehmen dies eins /diese*
Es ist perfekt!	Ich nehme das hier /diese.

Do you have any other colours or patterns?
djuw häv äniej aðe kales o'e pätens
tun du haben irgendein andere Farben oder Muster
Haben Sie andere Farben oder Muster?

Alle Farben können Sie kombinieren mit dark daak – *dunkel oder* light lajt – *hell.*

white, black	wajt, bläk	weiß, schwarz
gold, silver	gowld, ßilve	gold, silber
yellow, orange	jälow, orensh	gelb, orange
red, green	räd, griejn	rot, grün
brown, purple	brauwn, pööpel	braun, lila
blue, pink	bluw, pink	blau, rosa
plain, grey	pläjn, gräj	uni, grau

Souvenirs und Nützliches

Wie wär's mit opal owpel – *Opal*. Am wertvollsten ist black opal bläk owpel, am wenigsten wertvoll white/light opal wajt/lajt owpel.

What type of gemstone is this?
wodt tajpof dshämßtown is ðiß
was Typ von Edelstein ist dies
Was ist das für ein Edelstein?

Shopping

doublet, triplet	aufgeklebte Opalsplitter	duwblet, triplet
jewellery, pendant	Schmuck, Anhänger	dshuwelriej, pändend
bangle, bracelet	Armreif, Armband	bänggel, bräjßlet
earrings, ring	Ohrringe, Ring	iejrings, ring
tiebar	Krawattennadel	tajba
cufflink	Manschettenknopf	kaflink
stubbie holder	Bierflaschenhalter	ßtabiej howlde
coaster	Untersetzer	kowßte
(fridge) mag(net)	Kühlschrank-Magnet	(fridsh) mag(net)
road sign	Verkehrsschild	rowd ßajn
bumper sticker	Autoaufkleber	bampe ßtike
sheep-/rooskin	Schafs-/Kängurufell	schiejp-/ruw ßkin
plush pet	Stofftier	plasch pät
print, painting	Kunstdruck, Gemälde	print, päjnting
calendar	Kalender	kälende
sunnies	Sonnenbrille	ßaniejs
insect repellent	Insektenschutzmittel	inßäkt riejpälent
sunscreen	Sonnenmilch	ßanßkriejn
toothpaste, -brush	Zahnpasta, -bürste	tuwðpäjßt, tuwðbrasch
shampoo, soap	Shampoo, Seife	schämpuw, ßowp
washing powder	Waschpulver	wosching pauwde
pen	Kugelschreiber	pän
nappies, dummy	Windeln, Schnuller	näpiejs, damiej
umbrella	Regenschirm	ambräle
film, battery	Film, Batterie	film, bäderiej
tobacco, papers	Tabak, Blättchen	towbäkow, päjpes
smokes/ciggies	Zigaretten	ßmowkß/ßigies
matches, lighter	Streichhölzer, Feuerzeug	mätsches, leide

I'm looking for a thingie to clean this with.
ajm luking fo'e e ðingiej tekliejn ðiß wið
ich'bin suchend für ein Ding zu reinigen dies mit
Ich suche etwas, um das zu reinigen.

Shopping

a couple of	e kaplof	ein paar
a pair of	e pärof	ein Paar
a piece of	e piejßof	ein Stück
a packet of	e päketof	ein Päckchen
a bottle of	e bodlof	ein Flasche
a tube of	e tjuwbof	ein Tube
a few, some	e fjuw, ßam	einige, ein paar
(kilo)gram	(kielow)gräm	(Kilo)Gramm

Bezahlen

What's this shirt worth?
wotß schööt wööð
was'ist dies Hemd wert
Wie viel kostet das Hemd?

$9 all up.
najn-dolers owl ap
Dollar-9 alles auf
Zusammen $9.

Das man mit Karte zahlen kann, sieht man auch an dem Schild **EFTPOS**. *Es bedeutet dasselbe wie das Zeichen für Maestro-Karten oder EC-Karten.*

How much does this cost?
hauw matsch das ðiß koßt
wie viel tut dies kosten
Wie viel kostet das?

Do you accept credit cards?
djuw ekßäpt krädit kaadß
tun du akzeptieren Kredit Karten
Akzeptieren Sie Kreditkarte?

I gave you $50, but I only got this change.
aj gäjv juw fiftiej-doles badt aj ownliej gat ðiß tschäjnsh
ich gab dir $50 aber ich nur bekommen dies Wechselgeld
Ich habe Ihnen einen 50er gegeben, aber Sie haben mir nur das hier zurückgegeben.

Unterwegs

Wenn Sie gerade angekommen sind, möchten Sie sicherlich erst Ihre nähere Umgebung zu Fuß oder mit einem gemieteten Fahrrad erkunden. Also auf geht's:

Which way is the Opera House?
witsch waj is ðiej opra hauws
welcher Weg ist das Oper Haus
In welcher Richtung liegt das Opernhaus?

tourist information	Touristeninformation	tuwrißt infemäjschn
lookout	Aussichtspunkt	lukauwd
heritage walk	Kulturerbe-Wanderung	häretidsh wook
botanical garden	Botanischer Garten	bowtänikel gaaden
park, fountain	Park, Brunnen	paak, fauwnten
war memorial	Kriegsdenkmal	wo'e memorjel
bridge, jetty	Brücke, Steg/Pier	bridsh, dshädiej
market, beach	Markt, Strand	maaket, bietsch
port, wharf	Hafen, Hafen/Pier	poot, woof
railway crossing	Bahnübergang	räjlwäj kroßing
boom gate	Bahnschranke	buwm gäjt
pedestrian crossing	Fußgängerübergang	pedäßtriejen kroßing
intersection	Kreuzung	inteßäkschn
T-junction	T-Kreuzung	tiej-dshangkschn
roundabout	Verkehrskreisel	rauwndebauwt
lights, avenue	Ampel, Allee	lajtß, ävenjuw
road, drive	Straße	rowd, drajv
street, court	Straße	ßtriejt, ko'et
terrace, alley	Straße, Gasse	täreß, äliej
square, mall	Platz, Einkaufsstraße	ßkä'e, mool

Unterwegs

Where is the harbour situated?
wä'e is ðe haabe ßitjuwäded
wo ist der Hafen gelegen
Wo ist der Hafen?

Is the city centre within walking distance?
is ðe ßitiej ßänte wiðin woking dißtenß
ist das Stadt Zentrum innerhalb gehend Entfernung
Ist das Zentrum in Gehnähe?

Vergessen Sie nur nicht, dass in Australien Linksverkehr herrscht.

Just continue straight and take the third left.
dshaßt kontinjuw ßtrajt en täkj ðe öööd läft
nur weitergehen gerade und nehmen die dritte links
Geradeaus und dann die dritte links.

Can I go there by pushie/(push)bike?
kän aj gow ðä'e baj puschie/(pusch)bajk
kann ich gehen dort bei Fahrrad
Kann man dort mit dem Fahrrad hinfahren?

106 | one hundred and six wan handriden ßikß

Unterwegs

Stay on this road, turn right at the lights.
ßtäj on ðiß rowd töön rajt äd ðe lajtß
bleibe auf dies Straße drehen rechts an der Ampel
Bleiben Sie auf der Hauptstraße und biegen Sie an der Ampel rechts ab.

in, on, at	in, on, äd	in, auf, bei/an	*Die berühmteste*
from, to	from, te	von, nach/bis	*australische Brücke ist*
left, right	läft, rajt	links, rechts	*sicher die* Sydney
into, out of	intuw, auwtof	hinein, heraus	Harbour Bridge
under, over	ande, owve	unter, über	ßidniej haabe bridsh,
up, down	ap, dauwn	hinauf, hinunter	*mit Spitznamen*
above, below	ebav, below	oberhalb, unter	coathanger kowthänge
ahead, back	ehäd, bäk	weiter, zurück	*– Kleiderbügel.*
in front	in frandt	vor	*Die Brücke auf der*
behind	behajnd	hinter	*gegenüberliegenden*
before, after	befo'e, aafte	vor, hinter	*Seite ist jedoch die*
inside	inßajd	drinnen	story bridge ßtowriej
outside	auwdßajd	draußen	bridsh– *Etagenbrücke*
next to	näkßtuw	neben	*in Brisbane.*
between	betwiejn	zwischen	
across from	ekroß from	gegenüber	
(a)round	(e)rauwnd	um ... herum	
straight	ßträjt	gerade	
thru/through	ðruw	durch	
adjacent	edschäjßent	gegenüber	
near, far	nie'e, faa	nah, weit	
nearby, close	nie'ebaj, klowß	nah, nahe	
in the heart of	in ðe haadof	mitten in	
in the middle	in ðe midel	in der Mitte	
in front of	in frantof	vor	
north, south	noð, ßauwð	Nord, Süd(en)	
east, west	iejßt, wäßt	Osten, Westen	

Unterwegs

What are the major tourist attractions?
wod aa ôe mäjdshe tuwrißt eträkschns
was sind die Haupt- Tourist Attraktionen
Was sind die Haupt-Touristenattraktionen?

Der National Trust **I'd like a map of Darwin please.**
näschnel traßt *schützt* ajd lajk e mäp of daawen pliejs
und pflegt Orte von *ich'würde mögen eine Landkarte von Darwin bitte*
historischem Wert. Ich hätte gerne eine Karte von Darwin.

	building, ruin	Gebäude, Ruine
bilding, ruwin	**building, ruin**	Gebäude, Ruine
lajthauws	**lighthouse**	Leuchtturm
mil, fäkteriej	**mill, factory**	Mühle, Fabrik
tschöötsch, keðiedrel	**church, cathedral**	Kirche, Kathedrale
dshäjl, kowthauws	**gaol, courthouse**	Gefängnis, Gericht
tauwn hool, lajbräriej	**town hall, library**	Stadthalle, Bücherei
paalement hauws	**parliament house**	Parlamentsgebäude
hißtorikel bilding	**historical building**	historisches Gebäude

Die UNESCO vergibt **Which places in Australia have a world**
das Prädikat world **heritage listing?**
heritage listing, witsch pläjßes in eßträljje häv e wööld häretidsh lißting
davon gibt es 14 in *welche Orte in Australien haben ein Welt Erbe Eintrag*
Australien. Welches sind die „Weltkulturgut"-Orte in Australien?

... mit dem Bus

Wer Australien nicht nur aus der Luft sehen will, für den ist Busfahren eine Alternative, aber z.B. die 3500km lange Strecke von Adelaide nach Darwin dauert 39 Stunden, weil der Bus überall zur Postzustellung hält.

Unterwegs

bus, coach	Bus, Reisebus	baß, kowtsch
shuttle bus	Pendelbus	schadel baß
pass	Ermäßigungskarte	paaß
bus driver	Busfahrer	baß drajve
terminal	Busbahnhof	tööminel
terminus	Endhaltestelle	töömineß

Öffentliche Verkehrsmittel sind privatisiert. Wer welchen Service anbietet, erfährt man unter einer Servicetelefonnummer, bei der Sie nach der besten Verbindung fragen können.

Where to? Where would you like to go?
wä'e tuw wä'e wud juw lajkte gow
wo zu wo würdest du mögen zu gehen
Wohin? Wohin möchten Sie?

I'd like to go to Ransome, please.
ajd lajkte gowte ränßam pliejs
ich'würde mögen zu gehen zu Ransome bitte
Ich möchte nach Ransome bitte.

How do I get there?
hauw duw aj gät ðä'e
wie tue ich bekomen dort
Wie komme ich dahin?

Take bus no. 1, then no. 11 from Capalaba.
tajk baß nambe wan ðän nambe ieläven from kepälebaa
nehme Bus Nr. eins dann Nr. 11 von Capalaba
Nehmen Sie Bus Nr. 1 bis Capalaba, dann Bus Nummer 11.

Unterwegs

Where's your nearest pick-up/drop-off point?
wäs jer niereßt pikap/dropof poijnt
wo'ist dein nächste piek-auf/fall-ab Punkt
Wo ist Ihre nächste Haltestelle?

We pick up in Elizabeth Street past the Albert Street corner.
wiej pik ap in elisebeð ßtriejt paaßt ðiej älbet ßtriejt kone
wir picken auf in Elizabeth Straße nach der Albert Straße Ecke
Wir haben eine Haltestelle in der Elizabeth Straße Ecke Albert Straße.

... mit dem Zug

Das Langstrecken-Zugnetz ist kaum ausgebaut, die Züge fahren langsam und selten täglich, aber es ist bequemer als der Bus. Der innerstädtische Zugverkehr in Sydney, Brisbane, Melbourne und Perth ist gut ausgebaut.

In Sydney gibt es monorail monerájl – *erhöhter Eingleis-Zug und* (metro) light rail (mätrow) lajt räjl. *In Adelaide, Melbourne und Perth gibt es die* tram träm – *Straßenbahn.*

rail(way)	räjl(waj)	Eisenbahn
train	träjn	Zug
station	ßtäjschn	Bahnhof
timetable	tajmtäjbel	Fahrplan
conductor	kondakte	Kontrolleur
platform	plätfoom	Plattform
sitting car	ßiting kaa	Sitzwagen
sleeping car	ßliejping kaa	Schlafwagen
(sleeping) berth	(ßliejping) bööð	Liegeplatz
dining car	dajning kaa	Speisewagen
club car	klab kaa	Bistrowagen
tilt train	tilt träjn	Schnellzug

Unterwegs

A single/return ticket to Brisbane please.
e ßinggel/riejtöön tiket te brisben pliejs
eine einfache/Hin-und-Rück Ticket zu Brisbane bitte
Eine einfache/Rückfarte nach Brisbane bitte.

Seat or sleeper?
ßiejt o'e ßliejpe
Sitz oder Schlafwagen
Sitzwagen oder Schlafwagen?

First/second class sleeper please.
föößt/ßäkend klaaß ßliejpe pliejs
erst/zweite Klasse Schlafwagen bitte
Erste/zweite Klasse im Schlafwagen bitte.

Upper, middle or lower berth?
ape, midel o'e lowe ßööö
obere, mittel oder untere Liegeplatz
Oberes, mittleres oder unteres Bett?

Window, middle or aisle seat during the day?
window midel o'e ajl ßiejt djuwring ðe däj
Fenster Mitte oder Gang Sitz während Tageszeit
Fenster, Mittel oder Gangplatz während des Tages?

The luggage check-in is at the front of the train.
ðe lagidsh tschäkin is äd ðe frontof ðe trajn
der Gepäck prüfen-ein ist an der Vorderseite von der Zug
Der Gepäck Check-in ist am vorderen Ende des Zuges.

Fahrkarten können Sie entweder über einen travel agent trävel äjdshend *– Reiseveranstalter buchen oder selbst vor Ort kaufen.*

Häufig gibt es keine Plattform und der station master ßtäjschn maaßte *– Stationsvorsteher muss eigenhändig eine fahrbare Treppe an die Zugtüren schieben.*

Oft ist auch der Bahnhof nicht lang genug für den den Zug und die passengers päßendshes *–Passagiere können den Zug nur in 2 Waggongruppen aufgeteilt verlassen.*

one hundred and eleven hundrid en iejläven | **111**

Unterwegs

Boarding time is 8:35.
booding tajm is ajt ööödiejfajv
an-Bord-gehend Zeit ist 8:35
Um 8:35 sollten Sie an Bord gehen.

... mit dem Boot

Oft steht ein Schild an Fährstellen:
pay on board
päj on bowd
– an Bord zahlen und cash only
käsch ownliej
– nur Bargeld.

Die Fähren spielen eine wichtige Rolle, z.B. in Brisbane zum Überqueren des Brisbane river brisben rive – *Brisbane Flusses* und in Sydney zum Überqueren des harbour haabe – *Hafens*.

ferry	färiej	Fähre
paddle steamer	pädel ßtieme	Raddampfer
yacht	jood	Yacht
(sail) boat	(ßajl) bowt	(Segel)Boot
ship	schip	Schiff
dinghie	dinggiej	Gummiboot

I'd like to book a ticket for a harbour/whale watching cruise, please.
ajd lajkte buk e tiket fo'e e haabe/wäjl wotsching kruws pliejs
ich'würde mögen zu buchen eine Fahrkarte für ein Hafen/Wal beobachtend Rundfahrt bitte
Ich möchte bitte eine Fahrkarte für eine Hafenrundfahrt/zum Wale beobachten.

Where do I have to get on board?
wä'e duwaj hävte gäd on bowd
wo tue ich haben zu bekommen an Bord
Wo muss ich an Bord gehen?

Unterwegs

... mit dem Taxi

Gehen Sie zum taxi rank täksiej ränk – *Taxistand* oder winken Sie eines an der Straße heran. Sie können natürlich auch darum bitten, dass man ein Taxi für Sie bestellt:

Could you call me a taxi please?
kudje kol miej e täksiej pliejs
könntest du rufen mir ein Taxi bitte
Könnten Sie mir bitte ein Taxi rufen?

I need a taxi for tomorrow morning at six.
aj niejd e täksiej fo'e temorow moning äd ßikß
ich brauche ein Taxi für morgen Morgen um sechs
Ich brauche morgen ein Taxi um 6 Uhr.

... mit einem Flieger

Wenn Sie nicht viel Zeit mitbringen, müssen Sie domestic flights dowmäßtik flajtß – *Inlandflüge* nehmen um mehr vom Land zu sehen.

airport	ä'epoot	Flughafen
(aero)plane	ä'e pläjn	Flugzeug
heli(copter)	häliej(kopte)	Hubschrauber
gate	gäjt	Gate
terminal	tööminel	Terminal
flight attendant	flajt etändend	Steward(ess)
boarding pass	booding paaß	Bordkarte
ticket	tiket	Ticket
check-in	tschäk in	einchecken
baggage claim	bägidsh klajm	Gepäckband

Unterwegs

Wenn Sie Ihren Flug verpasst haben, wird man meist versuchen sie per standby ßtänbaj *— Warteliste in den nächsten Flieger zu bekommen.*

Flight QF 328 is ready for boarding.
flajt kjuw äf öriej tuw ajt is rädiej fo'e booding
Flug QF 328 ist fertig für an-Bord-gehend
Sie können jetzt an Bord von QF 328 gehen.

This is now the final call for flight QF 328.
öißis nauw öe fajnel kol fo'e flajt kjuw äf öriej tuw ajt
das ist jetzt der letzte Ruf für Flug QF 328
Dies ist der letzte Aufruf für den Flug QF 328.

Please proceed to gate number 31.
pliejs presiejd te gäjt nambe ööötiej wan
bitte weitergehen zu Tor Nummer 31
Bitte gehen Sie zum Gate 31.

Sorry, you have missed your flight.
ßoriej juw häv mißt jer flajt
Entschuldigung du haben verpasst dein Flug
Es tut mir Leid, Sie haben Ihren Flug verpasst.

... mit eigenem Fahrzeug

Die einzige Art und Weise Australien richtig kennen zu lernen, ist mit dem eigenen Fahrzeug. Sie können können sowohl eins mieten als auch kaufen, z.B. auf einem der vielen **backpacker car markets** bäkpäke kaa maaketß – *Rucksackreisende Automärkte*.

I'd like to hire/rent a 4WD, please.
ajk lajkte haje/ränt e fo'e wiejl droijv plies
ich'würde mögen zu mieten ein 4-Rad-Antrieb bitte
Ich möchte einen Geländewagen mieten.

Unterwegs

May I see your driving license please?
mäj aj ßiej jer drajving lajßenß pliejs
darf ich sehen dein fahrend Lizenz bitte
Kann ich bitte Ihren Führerschein sehen?

car	kaa	Auto
van/kombi	vän/kombiej	Transporter
camper van	kämpe vän	Wohnmobil
caravan	kärevän	Wohnwagen
convertible	konvödebel	Cabrio
(motor)bike	(mowte)bajk	Motorrad

camper trailer kämpe träjle *ist ein Anhänger, der sich zum Zelt auffaltet*

ute/utility vehicle juwt/juwtilediej viejhikel *ist ein PKW mit Ladefläche (Zweisitzer)*

I'd like to hire a car for 6 weeks.
ajd lajkte haje e kaa fo'e ßikß wiekß
ich'würde mögen zu mieten ein Auto für 6 Wochen
Ich würde gern ein Auto für 6 Wochen mieten.

How much is the rate per day ex-Cairns?
hauw matsch is ðe räjt pöö däj äkß käans
wie viel ist die Rate pro Tag aus-Cairns
Wie viel kostet es pro Tag ab Cairns?

Do you have any special offers?
djuw häv äniej ßpäschel ofes
tun du haben irgendein besondere Angebote
Bieten Sie besondere Angebote?

unlimited kilometres	Kilometer unbegrenzt	anlimeted kiejlometes
one way fee	Einwegpreis	wan waj fiej
cancellation fee	Stornogebühr	känßeläjschn fiej
no refund	keine Rückerstattung	now riejfand
deposit	Kaution	dieposit
number plate	Nummernschild	nambe pläjt

Unterwegs

Ein road train rowd träjn *ist ein* truck trak – *LKW mit meist 2-3 Anhängern. Seien Sie vorsichtig, wenn Ihnen einer entgegen kommt.*

I'd like to buy this vehicle.
ajd lajkte baj ðiß viehikel
ich'würde mögen zu kaufen dies Fahrzeug
Ich würde das Fahrzeug gern kaufen.

Can you arrange for the rego?
kän juw eräjnsh fo'e ðe rädshow
kannst du arrangieren für die Autozulassung
Können Sie die Zulassung arrangieren?

Does it have 4WD and aircon?
das idt häv fo'e wiejl drajv en ä'ekon
tut es haben Allradantrieb und Klimaanlage
Hat er Allradantrieb und Klimaanlage?

water tank	wode tänk	Wassertank
CB (radio)	siejbiej (räjdjow)	Funk
baby seat	bäjbiej ßiejt	Babysitz
manual	mänjuwel	Schaltwagen
automatic	owdemädik	Automatik

Für Aboriginal land äboridshinel länd – *Land der Aborigines brauchen Sie eine Genehmigung.*

Is a permit required to visit Arnhem Land?
is e pöömid riekwajed tevisid aarnem länd
ist eine Erlaubnis erfordert zu besuchen Arnhem Land
Braucht man eine Erlaubnis um Arnhem Land zu betreten?

ansiejld/dööt rowd	**unsealed / dirt road**	Schotterpiste
ßiejld/bitjuwmen rowd	**sealed/bitumen road**	geteerte Straße
friejwäj	**freeway**	100km/h-Autobahn
ekßpräßwäj	**expressway**	Schnellstraße (100)
hajwäj	**highway**	2-spurige, nicht immer geteerte Bundesstraße

Unterwegs

Do you sell maps for self-drive tours?
djuw ßäl mäpß fo'e ßälf drajv tuws
tun du verkaufen Karten für selbst-fahren Touren
Bieten Sie Landkarten für Selbstfahrer-Touren abseits der Straße an?

Straßenschilder

(cattle) grid, gate *(Vieh) Rost, Gatter* – Durchlass im Zaun. Tiere können nicht über das Rost steigen	(kädel) grid, gäjt
river crossing closed Flussüberquerung gesperrt	rive kroßing klowsd
closed to all vehicles für alle Fahrzeuge gesperrt	kloßte ol viejhikels
damaged road surface beschädigte Straßenoberfläche	dämedshd rowd ßööfeß
deep potholes tiefe Pfützen	diejp pothowls
closed due to flooding geschlossen wegen Überflutung	klowsd djuwte flading
remain on signed roads auf ausgeschilderten Straßen bleiben	riejmäjn on ßajnd rowds
floodway Fluss tritt in der Regenzeit über die Straße	fladwäj

Unterwegs

giv waj	**give way**	Vorfahrt gewähren
foom wan lajn	**form 1 lane**	einfädeln in eine Spur
rowdwöökß	**roadworks**	Straßenarbeiten
duw not ovetajk	**do not overtake**	nicht überholen
kiejp läft	**keep left**	links halten
däjndshereß, kowschn	**dangerous, caution**	gefährlich
rowd ehäd	**road ahead**	Achtung Straße
wan waj	**one way**	Einbahnstraße
towl bridsh	**toll bridge**	Mautbrücke
now ßtänding	**no standing**	Halteverbot
now paaking	**no parking**	Parkverbot
lowding sown	**loading zone**	Ladezone
rong waj gow bäk	**wrong way, go back**	falsche Richtung

Excuse me, where is a car park nearby?
ekßkjus mie, wä'e is e kaa paak nie'ebaj
entschuldige mich, wo ist ein Auto Park nahebei
Entschuldige, ist in der Nähe ein Parkplatz?

Chuck a U-ie. It's 50m down on your right.
tschak e juwie itß fitiej mietes dauwn on jer rajt
machen ein Wende es'ist 50m runter auf dein rechts
Wenden Sie hier, dann ist es 50m die Straße herunter zu ihrer Rechten.

Tankstelle – service station ßööviß ßtäjschn

roadhouse	rowdhauws	Raststätte
petrol, oil	pätrel, oijl	Benzin, Öl
(un)leaded	(an)läded	(un)verbleit
diesel	diejsel	Diesel
pressure, air	präsche, ä'e	Druck, Luft
LPG	äl piej dshiej	Gas

Unterwegs

How far is the next servo?
hauw faa is ðe näkß ßöövow
wie weit ist die nächste Tankstelle
Wie weit ist es bis zur nächsten Tankstelle?

I've got a flat battery/puncture.
ajv gade flät bäderiej/panktsche
ich'habe bekommen ein flache Batterie/Platten
Ich habe eine leere Batterie/einen Platten.

Do you have a mobile phone or CB?
djuw häv e mowbajl fown o'e ßiej biej
tun du haben ein mobile Telefon oder Funk
Haben Sie ein Handy oder Funk?

Ein bull/roo-bar
bul/ruw baa
– *Schutzgitter vor der vorderen Stoßstange schützt Fahrzeuge vor Schaden beim Zusammenstoß mit einem Känguru.*

flames, smoke	Flammen, Rauch	fläjms, ßmowk
overheated, steam	überhitzt, Dampf	ovehieded, ßtiejm
tyre, wheel	Reifen, Rad	taje, wiejl
radiator, gears	Kühler, Schaltung	räjdiejäjde, giejs
clutch, accelerator	Kupplung, Gaspedal	klatsch, äkßäleräjde
brakes, axle	Bremse, Achse	bräjkß, äkßel
windscreen	Windschutzscheibe	windßkriejn
windscreen wiper	Scheibenwischer	windßkriejn wajpe
jumpstart the car	Auto notstarten	dshampßtaat ðe kaa
head-/back lights	Vorder-/Rücklicht	häd/bäk lajtß
fanbelt	Keilriemen	fänbält
get stuck, broken	feststecken, kaputt	gat ßtak, browken
no longer working	funktioniert nicht mehr	now longge wööking

There has been a prang.
ðä'e häs bin e präng
dort hat gewesen ein Unfall
Es hat einen Unfall gegeben.

Unterwegs

Could you send an ambulance, please?
kudje ßänd en ämbjuwlenß pliejs
könntest du schicken ein Krankenwagen bitte
Bitte schicken Sie einen Krankenwagen.

dshäk, häme	**jack, hammer**	Wagenheber, Hammer
ßkruw drajve	**screw driver**	Schraubenzieher
ränsch, ßpäne	**wrench, spanner**	Schraubenschlüssel
tootsch, plajes	**torch, pliers**	Taschenlampe, Zange
ßpä'e (taje)	**spare (tyre)**	Ersatzreifen
kulent, wode	**coolant, water**	Kühlwasser, Wasser
glowb, fjuws	**globe, fuse**	Glühbirne, Sicherung
föößt äjd kit	**First Aid kit**	Erste-Hilfe-Kasten
ßnätsch ßträp	**snatch strap**	Abschleppseil
dshampe liejds	**jumper leads**	Überbrückungskabel
ßpäjd	**spade**	Spaten

120 | one hundred and twenty wan handriden twäntiej

Unterkunft

Unterkunft

In traditionellen Pubs befindet sich im Erdgeschoss Bar und Restaurant und darüber die Hotelzimmer.

accommodation	Unterkunft	ekomedäjschn
hotel/pub, motel	Hotel, Motel	howtäl/pab, mowtäl
(youth) hostel	(Jugend)Herberge	(juwð) hoßtäl
B(ed) & B(reakfast)	Pension m. Frühstück	bäden bräkfeßt
guest house	Gästehaus	gäßt hauwß
self-contained (unit)	Ferienbungalow	ßälf kontäjnd juwnid
caravan park	Campingplatz	kärevän paak

Do you still have a twin/three-bed room?
djuw ßtil häv e twin / ðriej bädruwm
tun du noch haben ein Doppel / Dreibettzimmer
Haben Sie noch ein Doppel-/Dreibettzimmer?

dorm-bed	Schlafsaalbett	dormbäd
queen/king size bed	klein/groß Doppelbett	kwiejn/king ßajs bäd
ensuite	Bad im Zimmer	önßwiejt
kitchen, gas BBQ	Küche, Gasgrill	kitschn, gäß babekjuw
locker, safe	Schließfach, Safe	loke, ßäjf
fridge, TV	Kühlschrank, TV	fridsh, tiej'viej
internet access	Internetzugang	intenäd äkßeß

How many nights?   **Just tonight.**
hauw mäniej najtß   dshaßt tenajt
wie viele Nächte   *nur zu-Nacht*
Für wie lange?   Nur heute Nacht.

Unterkunft

Do you have a reservation?
djuw häv e räseväjschn
tun du haben eine Reservierung
Haben Sie reserviert?

I'm sorry, we're fully booked.
ajm ßoriej wie'e fuliej bukt
ich'bin Leid wir'sind voll gebucht
Es tut mir Leid, wir sind ausgebucht.

How much is it? Is breakfast included?
hauw matsch isit   is bräkfeßt enkluwded
wie viel ist es   *ist Frühstück inbegriffen*
Wie viel kostet es? Frühstück inbegriffen?

I'm looking for the laundry facilities.
ajm luking fo'e ðe lowndriej feßilidiejs
ich'bin suchend für die Wäsche Einrichtungen
Ich suche den Wäscheraum.

I need a blanket/bedsheet/towel.
aj niejd e blänket/bädschiejt/tauwel
ich brauche eine Decke/Laken/Handtuch
Ich brauche ein(e) Decke/Laken/Handtuch.

Can I put my luggage into storage?
kän aj put maj lagidsh into ßtoridsh
kann ich stecken mein Gepäck in-zu Aufbewahrung
Kann ich mein Gepäck in Aufwahrung geben?

There's a problem with the fan.
ðäs e problem wið ðe fän
dort'ist ein Problem mit dem Ventilator
Es gibt ein Problem mit dem Ventilator.

Unterkunft

key, lift, knife	Schlüssel, Lift, Messer	kiej, lift, najf
frying pan, pot	Bratpfanne, Kochtopf	frajing pän, pot
lid, chopping board	Deckel, Schneidebrett	lid, tschoping bowd
bin, rubbish bag	Mülleimer, Müllsack	bin, rabisch bäg
pillow, blanket	Kissen, Decke	pilow, blängket
globe, cutlery	Glühbirne, Besteck	glowb, katleriej
hotplate, cooker	Herdplatte, Kocher	hotplajt, kuwke
aircon, fan	Klimaanlage, Ventilator	ä'ekon, fän
tin/bottle opener	Dosen-/Flaschenöffner	tin/bodel owpene
water container	Wasserbehälter	wote kontäjne
torch, whistle	Taschenlampe, Pfeife	towtsch, wißel
esky	Kühlbox	äßkiej

I'm leaving. I'd like to pay, please.
ajm lieving ajd lajkte päj plïejs
ich'bin weggehend ich'würde mögen zu zahlen bitte
Ich reise ab und würde gern zahlen.

Camping

Zum Campen müssen Sie eine camp fee kämp fiej – *Campingplatzgebühr* bezahlen, es sei denn Sie campen irgendwo im bush busch – *Busch*.

I'd like a space for a campervan, please.
ajd lajk e ßpajß fo'e e kämpevän plies
ich'würde mögen ein Platz für ein Wohnmobil bitte
Ich hätte gern einen Wohnmobilplatz.

Where should we pitch the tent?
wä'e schud wiej pitsch ðe tänt
wo sollten wir aufschlagen das Zelt
Wo sollen wir das Zelt aufschlagen?

Toilette & Bad

Ein typisch australischer Schlafsack nennt sich swag ßwäg und ist relativ dick gepolstert und von unten beschichtet, damit man im Freien ohne Zelt übernachten kann.

Do you rent any sleeping bags / mattresses?
duw yuw ränt äniej ßliejping bägs/mätreßes
tun du mieten irgendein schlafend Tasche / -matrazen
Vermietet ihr auch Schlafsäcke/-matten?

Could I borrow your billy?
kud aj borow jer biliej
könnte ich leihen dein Campingkanne
Kann ich mir eure Kanne ausleihen?

no camping	Campen verboten!
no wood fires permitted	Holzfeuer verboten!
do not collect firewood	Feuerholz sammeln verboten!
take all litter with you	Müll mitnehmen!

Toilette & Bad

Im Grunde ist alles wie bei uns, aber wegen der Sommerhitze wird mehr geduscht.

Where's the shower/toilet, please?
wäs ðe schauwe/toijled pliejs
wo'ist die Dusche/Toilette bitte
Wo ist bitte die Dusche/Toilette?

I'm just going to the toilet.
ajm dshaßt gowing tuw ðe toijlet
ich'bin gerade gehend zu die Toilette
Ich gehe gerade mal zur Toilette.

Toilette & Bad

bathroom, basin	Badezimmer, Waschbecken	baaðruwm, bäjßin
spa, bath	Whirlpool, Badewanne	ßpaa, baað
soap, shampoo	Seife, Shampoo	ßowp, schämpuw
cold/hot water	kaltes/warmes Wasser	kowld/hot wode
tap, drain	Wasserhahn, Abfluss	täp, dräjn

I'll just go and wash my hands.
ajl dshaßt gow en wosch maj händs
ich'werde nur gehen und waschen mein Hände
Ich gehe mal kurz die Hände waschen.

Can you pass me some toilet paper, please?
kän juw paaß miej ßam toijlet pajpe pliejs
kannst du reichen mir etwas Toilette Papier bitte
Könnten Sie mir etwas Toilettenpapier geben?

tissue tischuw –
*Taschentuch,
Papiertuch*

Do you have a tampon/sanitary pad?
djuw häv e tämpon/ßänetriej päd
tun du haben ein Tampon/Sanitär Kissen
Hast du eine(n) Tampon/Binde?

Where can I change her/his nappy?
wä'e kän aj tschäjnsh höö/his näpiej
wo kann ich wechseln ihre/seine Windel
Wo kann ich ihre/seine Windeln wechseln?

I'm gonna take a leak.
ajm gone tajk e liejk
ich'bin gehend-zu nehmen ein Leck
Ich gehe mal pinkeln. (Männer)

I'll go to the trough.
ajl gow tuw ðe trowf
ich'werde gehen zu das Pissoir
Ich gehe mal pinkeln. (Männer)

Outback & the bush

Den outback auwtbäk lernen Sie beim bushwalking buschwowking – *wandern im Busch* im national park näschnel paak – *Nationalpark* am besten kennen.

Im australischen Outback gibt es noch richtige Plumpsklos: outback dunny auwtbäk daniej.

Let's go bush this weekend.
lätß gow busch ðiß wiejkänd
lass'uns gehen Busch dies Wochenende
Lass uns dieses Wochenende in der Natur verbringen.

I'd like to book an outback walking tour.
ajd lajkte buwk en auwtbäk wooking tuwr
ich'würde mögen zu buchen ein Outback gehend Tour
Ich würde gerne eine Wandertour im Outback buchen.

Is the trail difficult/steep?
is ðe trajl difekelt/ßtiejp
ist der Weg schwierig/steil
Ist der Weg schwierig/steil?

Is the walking trail easy to find?
is ðe wowking trajl iejsiete fajnd
ist der gehend Pfad leicht zu finden
Ist der Pfad einfach zu finden?

one way wan waj
– *eine Richtung*
return riejtöön
- *hin- und zurück*

How long does the trip take?
hauw long das ðe trip täjk
wie lang tut der Ausflug nehmen
Wie lange dauert der Ausflug?

Outback & the bush

When does the guided walk start please?
wän das ðe gajded wook ßtaat plijes
wann tut die geführte Spaziergang anfangen bitte
Wann fängt die Führung an?

night walk najt wook
– *Nachtwanderung*
dawn walk down wook
– *Wanderung in der Morgendämmerung*

Excuse me, how high is this peak?
ekßkjus miej hauw haj is ðiß piejk
entschuldige mich wie hoch ist dies Bergspitze
Entschuldigung, wie hoch ist dieser Gipfel?

mountain (MT), range	Berg, Gebirge	mouwnten, räjnsh
hill, peak	Hügel, Bergspitze	hil, piejk
elevation, cave	Höhe, Höhle	älevejschn, käjv
valley, gorge/gully	Tal, Schlucht	väliej, gowdsh/galiej
lake, swamp	See, Sumpf	läjk, ßwomp
river (bed/bank)	Fluss(bett/ufer)	rive (bäd/bänk)
billabong, waterfall	Wasserloch, -fall	bilebong, wotefool
(rain)forest	(Regen)wald	(rajn)foreßt
gibber, desert	Steinwüste, Wüste	dshibe, däset
savannah, dune	Savanne, Düne	ße'väne, djuwn
plain, salt lake	Ebene, Salzsee	plajn, ßowt lajk

I saw a couple of marsupials.
aj ßow e kapelof maaßuwpiejels
ich sah ein paar von Beuteltiere
Ich habe ein paar Beuteltiere gesehen.

> **bandicoot** bändiejkuwt: Leben in Erdlöchern und sind nachtaktiv (SA, VIC, NSW, TAS).
> **bilby** bilbiej *Hasenbeutler*. Nachaktives Mausartiges Tier in den Wüsten.
> **glider** glajde: Possum-artiges Waldtier, springt bis zu 100m von Baum zu Baum

Outback & the bush

Zu Ostern bekommt man chocolate bilbies *als Protest gegen die durch Engländer eingeführte Hasen, die sich durch das Fehlen natürlicher Feinde rasant vermehren und in ihrer Knabberwut zur Erosion beitragen.*

wallabies wolebiejs – *Wallabies sind kleinere Känguruarten. Außerdem gibt es* quokka kwoke, potoroo pode'ruw, wallaroo wole'ruw *und* pademelon pädiejmälen, *allesamt Känguru-ähnliche Tiere. Das Baby im Beutel nennt man* Joey dshowiej.

(kanga)roo (kängge)ruw:	handgroß wie musky rat-kangaroo oder größer als ein Mensch: big red roo – *rotes Riesenkänguru*.
koala kowaalaa:	frisst Eukalyptusblätter, schläft ca. 20 von 24 Std. (QLD, NSW, VIC).
possum poßem:	nachtaktive Katzen-artige Baumkletterer in den Wäldern.
quoll kwol:	Weißgetupfter Beutelmarder (TAS), isst Insekten, Echsen, Wallabies.
tasmanian devil täßmäjnjen dävel:	Aas fressender Beutelhund (TAS).
wombat wombät:	nachtaktives Bären-artiges Tier. (SA, VIC, NSW).

What is that animal/plant called?
wodt is ðäd äniemel/plaant kowld
was ist das Tier/Pflanze genannt
Wie nennt sich das Tier/Pflanze?

I spotted some wildlife today.
aj ßpoded ßam wajdlajf tedäj
ich entdeckt etwas wild-Leben heute
Ich habe heute wilde Tiere gesehen.

What type of lizard is this?
wodt tajpof lised is ðiß
was Typ von Echse ist dies
Was für eine Echse ist das?

Is this snake venomous?
is ðiß ßnajk vänemeß
ist dies Schlange giftig
Ist diese Schlange giftig?

Outback & the bush

bearded dragon bieded drägen *Bartagame*. Echse mit „Bart" in Südaustralien.
blue-tongued lizard bluwtangd lised *Blauzungenechse*. Hat eine blaue Zunge.
carpet python kapet pajðen *Diamantpython*. Würgeschlange bis zu 3,5m lang.
echidna e'kidne. Igel-artig mit langer Schnauze. Isst Termiten und Ameisen.
frilled lizard frild lised *Kragenechse*. Findet man im tropischen Nordaustralien.
Gould's monitor golds monite *Goulds-Waran*. Bis zu 1,5m lange Echse.
green tree-frog griejn triej frog. Grüner Frosch mit Saugnoppen an den Füßen.
thorny devil ðowniej dävel. Eine Echse mit Dornen gegen Raubvögel in der Wüste.

Es gibt 20 für Menschen tödliche Schlangen in Australien, darüber hinaus tödliche Spinnen, u.a., siehe im Kapitel „Erste Hilfe & krank sein". Tragen Sie immer lange Hosen und feste Schuhe wenn Sie durchs Unterholz laufen und machen sie schön viel Krach, damit sie den Schlangen viel Zeit geben, sich rechtzeitig aus dem Staub zu machen.

Where can I go birdwatching?
wä'e kän aj gow böödwotsching
wo kann ich gehen Vögel-beobachtend
Wo kann ich Vögel beobachten gehen?

black swan bläk ßwon *schwarzer Trauerschwan*. Mit rotem Schnabel.
brush turkey brasch töökiej *Wildhuhn*: roter Kopf, gelber Halssack im Regenwald QLD.
cassowary käßeweriej Emu-ähnlich, mit einem „Helm" aus Horn. Regenwald QLD.
cockatoo koketuw *Kakadu*: Weiß mit gelben Kopffedern oder seltener schwarz.
darter daate *Schlangenhalsvogel*: schwarz mit langem Hals und spitzem Schnabel zum Fische aufspießen, an Seen zu finden.

Outback & the bush

Das Geschrei der australischen Vögel machen das Aufwachen zu einem völlig andersartigen Erlebnis: galah ge'laa, rosella row'säle, budgie badshiej, lorikeet larekiejt, parrot päret, *etc.*

emu iejmjuw *Emu*. Dem Straußenvogel ähnlich. Überall, außer im Regenwald.
ibis ajbeß Reiher-artige Vogel mit krumm gebogenen Schnabel auch in Städten.
jabiru dshäbe'ruw. Einziger Storch in Australien. Schwarzer Kopf und Hals.
laughing kookaburra laafing kukebare: *Der lachende Hans* genannt wegen seines lachenden Gesangs.
pelican päliejken *Pelikan*. Mit übergroßem pinken Schnabel, findet man auf Seen
wedge-tailed eagle wädsh tajld iejgel Dieser Adler ist der größte von Australiens 27 Raubvögeln und frisst auch Aas.

Eine besondere Art von Termites töömajtß *Termiten in NT lebt in großen, grauen* magnetic termite mounds megnädik töömajt mauwnds, *die alle identisch auf der Achse des Sonnenaufgangs/ -untergangs ausgerichtet sind.*

Is it safe to swim here?
isit ßajfte ßwim hie'e
ist es sicher zu schwimmen hier
Kann man hier schwimmen?

There're only freshies.
ðä'e aa ownliej fräschiejs
dort'sind nur Süßwasser-Krokodile
Da sind nur Süßwasser-Krokodile.

saltie/saltwater croc(odile) ßowtiej/ßowtwode krok(edajl). Salzwasserkrokodile leben im tropischen Norden in Flussmündungen, die in die See fließen, sowie salzigen Sümpfen.
freshie/freshwater croc(odile) fräschiej/ fräschwode krok(edajl). Süßwasserkrokodile leben im tropischen Norden in Flüssen, Sümpfen und Wasserlöchern.

Outback & the bush

platypus plätepuß. Eine Art Minibiber mit Entenschnabel. In der Dämmerung in ruhigen Bächen zu sehen.
turtle/tortoise töödl/towdweß *Schildkröte*
water dragon wode drägen *Wasseragame*. In Ostaustralien am Wasser zu finden.

monotremes monetriems
– *Kloakentiere: Es sind Eier legende Säugetiere, die nur eine Öffnung für Urin, Fäkalien und Gebären haben. Davon gibt nur zwei Arten:* platypus *und* echidna.

I want to book a heli flight over the wetlands.
aj wone buk e häliej flajd owve ðe wätländs
ich wollen zu buchen ein Hubschrauber Flug über die Feuchtgebiete
Ich möchte einen Hubschrauberflug über die Feuchtgebiete buchen.

When is feeding time for the koalas/crocs?
wän is fiejding tajm fo'e ðe kowaalaas/krokß
wann ist fütternd Zeit für die Koalas/Krokodile
Wann ist die Fütterzeit für die Koalas/Krokodile?

Outback & the bush

Eukalyptusbäume lassen in Zeiten großer Hitze ihre Äste absterben um weniger Baumoberfläche versorgen zu müssen. Parken Sie Ihren Wagen nicht unter einem abgestorben aussehenden Ast!

scrub ßkrab *ist das Wort für alles buschige, strauchartige, was die australische Landschaft beherrscht.*

eucalyptus/gum tree juwke'lipteß/gam triej. 1200 Arten, u.a. ghost gum mit weißer Rinde, river red gum an Flüssen.	
wattle wodel *Akazie.* Ca. 700 Arten.	
wildflower wajldflauwe *Wildblume.*	
banksia/bottlebrush bänkßje/bodelbrasch - *Banksia* mit Blüten wie Flaschenbürsten.	
bottle tree bodel triej *Flaschenbaum* (QLD).	
casuarina/she-oak käschuriejnaa/schiej owk Verwachsene Stämme und Blätterknäuel.	
curtain fig tree kööten fig triej *Würgefeige.* Wurzeln hängen von den Ästen zum Boden.	
pandanus pändäneß *Pandanuspalme.* Blätter verwenden die Aborigines zum Korbweben.	
saltbush ßowtbusch Strauch in Savannen.	
spinifex ßpinefäkß. Scharfkantiges Gras.

Wildpark – wildlife park wajdlajf paak

Gegen flies flajs *Fliegen und* mozzies mosiejs *Mücken schützen Sie sich am besten mit* insect repellent inßäkt riejpälent *Insektenschutzmittel.*

Two adults and one child, please.
tuw ädaltß en wan tschajld pliejs
zwei Erwachsene und ein Kind bitte
Zwei Erwachsene und ein Kind bitte.

Do not feed/pat the animals.
duw nod fiejd/pät ðiej äniejmels
tue nicht füttern/streicheln die Tiere
Füttern/streicheln der Tiere verboten!

Are these animals tame/endangered/rare?
aa ðiejs änimels täjm/endäjndsched/räjr
sind diese Tiere zahm/gefährded/selten
Sind diese Tiere zahm/gefährdet/selten?

Outback & the bush

Auf der Farm – at the station äd ðe ßtäjschn

Adressen von Farmen, die man besuchen kann, gibt es beim Automobilclub. Sonst gilt:

Do not enter! Private property.
duw nod änte prajvet propediej
tue nicht eintreten privat Besitz
Betreten verboten! Privatbesitz!

When is your next shearing run?
wän is jer näkß schiejring ran
wann ist dein nächste scherend Lauf
Wann ist bei euch die nächste Schafschur?

When can you break-in that bronco?
wän kän juw bräjk in ðäd bronkow
wann kannst du brechen ein das noch-wilde-Pferd
Wann kannst du das Pferd einreiten?

You've got some beautiful horses!
juwv got ßam bjuwdefel hoßes
du'haben bekommen einige wunderschöne Pferde
Sie haben ein paar tolle Pferde!

What breed is it?
wodt briejs isid
was Züchtung ist es
Was ist das für eine(r)?

That's a really cute/smart dog.
ðätß e rieliej kjuwt/ßmaat dog
das'ist ein wirklich süßer/schlauer Hund
Das ist ein wirklich süßer/schlauer Hund.

Zu einer cattle station kädel ßtäjschn *– Viehfarm gehört mindestens das* homestead howmßtäd *– Wohnhaus des Farmers,* land länd *– Land und viele* cows kows *– Rinder,* jumbucks dshambaks *– Schafe,* jackaroos dshäkeruws *– Cowboys und* jillaroos dshileruws *– Cowgirls.*

Outback & the bush

Der dog fence dog fänß *hält die* dingos dinggows – *Wildhunde aus dem Weidegebiet der Farmer, da sie nicht springen oder graben können.*

How often do you have to mend the (dog) fence?
hauw often djuw hävte mänd ðe (dog) fänß
wie oft tun du haben zu reparieren der (Hund) Zaun
Wie oft müssen Sie den (Dingo-) Zaun reparieren?

Erst mit den europäischen Siedlern sind diese introduced species intredjuwßd ßpiesies – *eingeführte Tiere* nach Australien gebracht worden und bereiten Flora und Fauna Probleme:

horse, camel	hooß, kämel	Pferd, Kamel
sheep, goat	schiep, gowt	Schaf, Ziege
cow, pig	kauw, pig	Rind, Schwein
chicken, fox	tschiken, fokß	Huhn, Fuchs
dog, cat	dog, kät	Hund, Katze
rabbit, deer	räbit, die'e	Hase, Reh
turkey, duck	töökiej, dak	Truthahn, Ente

In Zuckerrohrfeldern trifft man auf den cane train käjn träjn – *Zuckerrohrzug,* der den frisch geschnittenen sugar cane schuge käjn – *Zuckerrohr* direkt zur mill mil – *Fabrik* transportiert. Die cane toad käjn towd - *Agakröte* wurde 1935 von Südamerika nach Queensland eingeführt um Zuckerrohrkäfer zu bekämpfen. Doch die Kröte wurde mit ihren Giftdrüsen auf dem Rücken selbst zur Plage. Wird auf der Farm crops kropß – *Getreide* angebaut, sieht man tractor träkte – *Traktor,* harvester haaveßte – *Erntemaschine,* silo ßajlow – *Silo* und generator dshäneräjde – *Generator.*

Outback & the bush

Opalmine – opal mine owpel majn

Das Opalminengebiet in Coober Pedy in SA dürfen Sie nur mit einem tour guide tuwr gajd – *Führer* besuchen, weil die vielen offenen shafts schaftß – *Minenschächte* zu gefährlich sind. Ein Opalsucher prospects proßpäktß – *macht Probebohrungen*. Wenn er auf traces träjßeß – *Spuren* von Opal trifft, macht er einen Claim geltend: claim land klajm länd. Er beginnt systematisch alles auszugraben – gouge out gudsh auwt. Die nutzlose Erde heißt mullock malek und die er bringt mit einer windlass windleß – *Winde* an die Oberfläche. Heute durchsuchen viele diese alten an die Oberfläche gebrachten Erdklumpen, denn sie enthalten oft noch brauchbare Opale. Das nennt man fossicking foßiking.

Weil es in Coober Pedy im Sommer so heiß ist, leben die meisten Bewohner underground andegrauwnd – *unter Tage in* dugouts dagauwts – *gegrabene Höhlen. Dort ist die Temperatur immer angenehme 20 °C. Sogar Kirchen sind hier alle unterirdisch.*

What is this piece of opal worth?
wodt is ðiß piejßof owpel wööð
was ist dies Stück Opal wert
Was ist das Stück Opal wert?

Great Barrier Reef & the beach

Great Barrier Reef & the beach

An Australiens Traumstränden lauern Gefahren. Der white pointer wajt poijnte – *weiße Hai* ist jährlich für 2-3 Tote in SA, WA verantwortlich. Bleiben Sie an von lifeguards lajfgaads – *Rettungsschwimmern* bewachten Stränden, erkennbar an den rot-gelben Flaggen.

It's safe at patrolled beaches, between the flags.
itß sajf äd petrowld biejtsches biejtwiejn ðe flägs
es'ist sicher an parouillierten Stränden zwischen die Flaggen
An beaufsichtigten Stränden ist es zwischen den Flaggen sicher.

Do not enter the sea from October to May.
duw nod änte ðe ßiej from oktowbe te mäj
tue nicht eintreten die See von Oktober bis Mai
Von Oktober bis Mai nicht ins Meer gehen!

Where's the best area to swim with dolphins?
wäs ðe bäßt ärja te ßwim wið dolfenß
wo'ist das beste Gebiet zu schwimmen mit Delfinen
Wo kann man am besten mit Delfinen schwimmen?

Do not disturb or remove fossils.
duw nod dißtööb o'e riejmuwv foßils
tue nicht stören oder entfernen Fossilien
Fossilien berühren/mitnehmen verboten!

Great Barrier Reef & the beach

(free) beach	(frlej) biejtsch	(FKK) Strand
topless	topleß	oben Ohne
ocean, sea	owschn, ßiej	Ozean, Meer
coast, island	kowßt, oijlend	Küste, Insel
bay/cove	bäj/kowv	Bucht
peninsula	peninschuwla	Halbinsel

We'd like to charter a boat.
wiejd lajkte tschade e bowt
wir'würden mögen zu chartern ein Boot
Wir würden gerne ein Boot chartern.

When's the whale watching season?
wäns ðe wäjl wotsching ßiejsen
wann'ist die Wal beobachtend Jahreszeit
Zu welcher Jahresziet kann man Wale beobachten?

I'm feeling seasick.
ajm fiejling ßiejßik
ich'bin fühlend seekrank
Ich bin seekrank.

Where can you go waterskiing/windsurfing?
wä'e kän juw gow wodeßkiejing/windßööfing
wo kannst du gehen Wasserski-fahren/windsurfen
Wo kann man Wasserski laufen / windsurfen?

It's a bit choppy for taking the jet ski out.
itß e bit tschopiej fo'e tajking ðe dshät ßkiej auwt
es'ist ein bisschen böig für nehmend der Jet Ski raus
Heute sind die Wellen zu rau, um mit dem Jet Ski rauszufahren.

Der humpback whale hampbäk wäjl
– *Buckelwal verbringt den Winter in polaren Gewässern und kommt zur Brutzeit im Sommer an die Küsten Australiens.*

Der southern right whale ßaðen rajt wäjl
verbringt ebenfalls den Sommer in polaren Gewässern und kommt zur Brutzeit im Winter an die Südküsten Australiens.

Great Barrier Reef & the beach

Do not touch or step on coral!
duw nod tatsch o'e ßtäp on korel
tue nicht berühren oder treten auf Koralle
Korallen berühren oder betreten verboten!

Viele marine Tiere haben ein tödliches Gift. Selbst an schönsten Korallen können Sie sich böse verletzen. Daher gilt als Faustregel unter Wasser: Absolut nichts anfassen!

blue-ringed octopus bluw ringd oktepuß *Blauringoktopuss*. Sein Biss ist tödlich!
cone snail kown ßnäjl *Kegelmuschelschnecke*. Sie sieht toll aus, ist aber tödlich.
dugong djugong *Seekuh*. Einziger pflanzenfressender Meeressäuger.
giant clam dschajent kläm *Mördermuschel*. Größte Muschel der Welt.
little penguin lidel päng'gwen Kleinster Pinguin der Welt.
ray räj *Rochen*. Der manta ray *Mantarochen* erreicht eine Spannweite von 6,5m.
sea snake ßiej ßnäjk *Seeschlange*. Tödlich!
sea lion ßiej lajen *Seelöwe*.
seastar ßiejßtaa *Seestern*.
shark schaak *Hai*.

I'd like to do an introductory dive, please.
ajd lajkte duw en intre'daktriej dajv plies
ich'würde mögen zu machen ein einführend Tauchgang bitte
Ich würde gern mal Tauchen ausprobieren.

I'd like to go snorkeling on the reef.
ajd lajkte gow ßnowkling on ðe riejf
ich'würde mögen zu gehen schnorchelnd auf das Riff
Ich würde gerne am Korallenriff schnorcheln gehen.

Great Barrier Reef & the beach

diving gear	Tauchklamotten	dajving gie'e
dive course	Tauchkurs	dajv kows
gas tank	Gasflasche	gäß tänk
(snorkeling) mask	(Schnorchel)Maske	(ßnowkling) maaßk
wettie/wetsuit	Neoprenanzug	wädiej/wätßjuwt
surf/body board	Surfbrett/Liege-	ßööf-/bodiej bod
hook, sinker	Haken, Schwimmer	huwk, ßingke
(fishing) rod, catch	Angel, Fang	(fisching) rod, kätsch
bait, berley	Köder, Ködermischung	bajt, bööliej

How is the surf today?
hauw is ðe ßööf tedäj
wie ist der surfen heute
Wie sind die Wellen heute?

Perfect waves and nice and sunny.
pööfäkt wäjvs en najß en ßaniej
perfekt Wellen und schön und sonnig
Perfekte Wellen und schön sonnig.

one hundred and thirty-nine wan handriden ðöötiej najn

Sonne, Feuer & Wind

There're strong currents/rips today.
ðä'e ßtrong karents/ripß tedäj
dort'sind stark Strömung heute
Heute herrscht eine starke Strömung.

Which fish can we catch?
witsch fisch kän wiej kätsch
welche Fische können wir fangen
Welche Fische können wir fangen?

Where can I hire fishing gear?
wä'e kän aj haje fisching gie'e
wo kann ich mieten fischend Ausrüstung
Wo kann ich eine Fischausrüstung mieten?

Sonne, Feuer & Wind

Australien hat verschiedene Klimazonen. Im Süden gibt es vier Jahreszeiten: spring ßpring, summer ßamme, autumn owtem, winter winte, allerdings ist der Sommer von Dezember - Februar, der Winter von Juni - August. Im Norden herrschen dagegen nur zwei Jahreszeiten: the wet ðe wät – *die Regenzeit* (analog zum Sommer) und the dry ðe draj – *die Trockenzeit* (analog zum Winter).

What's the highest/lowest temperature here?
wotß ðe hajeßt/loweßt tämpretsche hie'e
was is die höchste/niedrigste Temperatur hier
Was ist die Höchst-/Tiefsttemperatur hier?

Sonne, Feuer & Wind

It's a beautiful day today.
itß e bjuwdeful däj tedäj
es'ist ein schöner Tag heute
Heute ist sehr schönes Wetter.

weather	wäðe	Wetter
mild, tropical	majld, tropikel	mild, tropisch
sticky, humid	ßtikiej, chjumed	schwül
breeze	briejs	leichter Wind
sunny, glary	ßaniej, gläriej	sonnig, grell
pleasant	pläsent	angenehm
terrible	täribel	fürchterlich
the build-up	ðe bildap	Vor-Regenzeit
sunrise	ßanrajs	Sonnenaufgang

Let's go and watch the sunset.
lätß gow en wotsch ðe ßanßät
lass uns gehen und beobachten der Sonnenuntergang
Lass uns dem Sonnenuntergang zuschauen gehen.

Seit 10.000 Jahren verwenden Aborigines **controlled fires** kontrowld fajes *– kontrollierte Feuer zum Abbrennen der Unterwuchses um größere Feuer zu verhindern und das Wachstum von frischem Grün zu fördern. Die Flora und Fauna hat sich daran angepasst und daher setzen die Australier diese Praxis seit kurzem wieder fort.*

Sonne, Feuer & Wind

buschfaje	**bushfire**	Buschfeuer
(towtel) faje bän	**(total) fire ban**	alle Feuer verboten
faje däjndshe	**fire danger**	Feuergefahr
drauwt, draj	**drought, dry**	Dürre, trocken
low, modered	**low, moderate**	niedrig, mäßig
(väriej) haj	**(very) high**	(sehr) hoch
ekßtriejm, hot	**extreme, hot**	extrem, heiß

It's as dry as today.
itß äs draj äs tedäj
es'ist trocken wie heute
Es ist heute wirklich sehr trocken.

It's pissing down.
itß pißing dauwn
es'ist pissend herunter
Es giesst in Strömen.

Aborigines

It's really rotten weather today.
itß riejliej roten wäðe tedäj,
es'ist wirklich verdorben Wetter heute
Es ist wirklich ein Sauwetter heute.

cloud(y)/overcast	Wolke/wolkig	klauwd(iej)/owwekaaßt
shower/rain(y)	Regen/regnerisch	schauwe/räjn(iej)
cool/crisp/nippy	kühl/kühl/nasskalt	kuwl/krißp/nipiej
cold/chilly/freezing	kalt/eisig/eiskalt	kowld/tchiliej/friejsing
snow/hail	Schnee/Hagel	ßnow/häjl
(flash) flood	(Blitz) Überflutung	(fläsch) flad
cyclone	Wirbelsturm	sajklown
wind(y), storm	Wind(ig), Sturm	wind(iej), ßtowm
buster	kalter Südwind	baßte
willy willy	Wirbelsturm	wiliej wiliej
moon, star, planet	Mond, Stern, Planet	muwn, ßta'e, plänet
wax, wane	ab-, zunehmen	wäkß, wäjn
southern cross	Südliches Kreuz	ßaðen kroß
star gazing	Sternegucken	ßta'e gäjsing
constellation	Sternkonstellation	konßteläjschn
binocular	Fernglas	bajnokjule
clear, milky way	klar, Milchstraße	klie'e, milkiej wäj

Aborigines

Die Aborigines bewohnen den australischen Kontinent schon seit ca. 40 000 Jahren als Jäger und Sammler. Jede Gemeinschaft hatte ihre Auslegung von der Dreamtime driejmtajm – *der Entstehungsgeschichte der Erde*, anhand der die Regeln für das Leben mit der Natur interpre-

Aborigines

tiert wurden. Die Population ist seit Ankunft der Engländer infolge des Verlustes ihrer Nahrungsquellen, Epidemien und Massakern von ca. 1 Mio auf gerade mal über 300 000 geschrumpft.

änßäßtrel biejing	**Ancestral being**	Vorfahre d. Aborigines
räjnbow ßööpent	**Rainbow serpent**	*Regenbogenschlange* (von Aborigines verehrt)
mið	**myth**	Mythos
koroberiej	**corroboree**	Treffen von Aborigine-Clans
ßtoriej täling	**story telling**	Geschichten erzählen
inischiej'äjschn ßäremowniej	**initiation ceremony**	Initiationszeremonie

Zu Beginn des 20. Jhs wurden Gebiete zu Reservaten erklärt, für deren Betreten man eine Erlaubnis der Aborigines braucht! Für die Nutzung von Aborigine-Land als Mine müssen Minenfirmen den Aborigines royalty roijeltiej – *Nutzungsrechte* zahlen.

Heilige Orte der Aborigines haben ihre alten Namen zurückerhalten:
Ayers Rock äjes rok
= Uluru uluruw,
The Olgas ðe olges
= Kata Tjuta kate dshute.

Entry with permit only!
äntriej wið pöömid ownliej
Eintritt mit Erlaubnis nur
Eintritt nur mit Genehmigung!

Sorry, I'm looking for a rock art gallery.
ßoriej ajm luking fo'e e rok aat gäleriej
Entschuldigung ich'bin suchend für eine Fels Kunst Gallerie
Entschuldigung, ich suche einen Felsen mit Malereien von Aborigines.

Aborigines

All Aboriginal artefacts are protected.
owl äberidshenel aatefäktß aa prowtäkted
alle Aborigine Kunstobjekte sind geschützt
Alle Aborigine Funde stehen unter Schutz.

Die meisten Aborigines leben heute in NT. Aborigine äberidshiene bedeutet „die Menschen die von Anfang an da waren". Es gab kein Volk von Aborigines, sondern ca. 500 bis 600 verschiedene Clans mit eigenen Sprachen. Man bezeichnet sie heute als indigenous people indidsheneß piejpel – *Eingeborene*. Die Aborigines hatten keine Schriftsprache, sondern überlieferten Informationen mündlich oder in Form von Malereien.

(paper)bark	päjpebaak	Baumrinde
painting	päjnting	Malerei
sandpainting	ßänd päjnting	Sandmalerei
carving	kaaving	Schnitzerei

Could you explain this painting to me, please?
kudje ekßplajn ðiß pajnting te miej pliejs
könntest du erklären dies Gemälde zu mir bitte
Könnten Sie mir bitte dieses Bild erklären?

didgeridoo didsheriejduw Blasinstrument aus durch Termiten ausgehöhltem Ast.
clap-sticks kläp ßtikß 2 kurze Holzstöcke die man gegeneinanderschlägt.
boomerang buwmeräng Holzstück zum Jagen.
spear ßpie'e Speer mit Spitze aus Knochen, Stein, Muschel, verbunden mit einer Sehne.

Die Aborigines auf einer outstation auwtßtäjschn *– Reservation, verdienen kein Geld, sondern bekommen wöchentlich vom Staat* social allowance ßowschel elauwenß *– Sozialgeld zur Verfügung gestellt. Damit Familien von diesem Betrag die lebensnotwendigen Dinge kaufen können, ist in NT am Zahltag und am Tag danach jeglicher Alkoholverkauf untersagt. Es soll verhindern, dass die Männer das Geld gleich nach Erhalt versaufen und besoffen ihre Frauen schlagen.*

Aborigines

Traditionell wurden die Malfarben der Aborigines aus ochre owke – *Erde mit Eisenoxid,* clay kläj – *Tonerde,* charcoal tschaakowl – *Kohle,* chalk tschowk – *Kalk und* blood blad – *Blut gemischt.*

woomera wuwmere Speerschleuder.
nulla-nulla nala nala Holzknüppel.
waddie wadiej Kampfstock.
coolamon kuwlemuwn Holzschale zum Graben und Sammeln.
emu egg iejmjuw äg Emu-Eier werden bemalt und kunstvoll beschnitzt.
burial pole böriejel pool Beerdigungspfahl der Tiwi-Aborigines im Norden.
bone coffin bown kofen Knochensarg aus hohlem Baumstamm im Norden.

Außer Känguru und Emu aßen die Aborigines auch Folgendes aus der natürlichen australischen Flora und Fauna:

Die Flagge der Aborigines hat zwei horizontale Streifen, oben schwarz und unten rot. In der Mitte der Flagge ist ein gelber Kreis. Sie ist das nationale Symbol aller Aborigines. Außerdem gibt es noch eine Flagge der Torres Strait Insulaner.

honey-pot ant haniej-pot änt *Honigtopfameise*. Hat im Hinterteil Honig zum Lutschen.
bungarra banggare essbare Echsenart
yolla jola Vogelart; muttonbird matenbööd genannt, weil es Lamm-ähnlich schmeckt
wijuti grub wichediej grab Essbare Larve in den Wurzeln der Acacia kempana.
quandong kwandong. Frucht einer Sandelholzart mit viel Vitamin C.
Illawarra plum ileware plam. Frucht einer Pinienart mit viel Vitamin C.
wattle seed wodl ßiejd *Akaziensamen*. Werden zu Mehl gemahlen und zu Keksen gemacht.
cabbage tree palm käbidsh triej paam Junge weiße Blätter schmecken wie Kastanien.
red hops räd hopß *roter Hopf*en. Wurde von den ersten Siedlern als Spinat gekocht.

Where can I taste bush tucker?
wä'e kän aj tajßt busch take
wo kann ich kosten Busch Essen
Wo kann ich Buschessen probieren?

Is this fruit edible?
is ðiß fruwt ädibel
ist dies Frucht essbar
Ist diese Frucht essbar?

Feiern & Freizeit

Feste feiern wie sie fallen, das tun die Australier gerne. Die public holidays pablik holiejdäjs – *Feiertage* gelten für alle:

New Year's Day njuw jiejs däj Neujahrstag
Australia Day eßträjlje däj 26. Januar. Gedenktag an die Landung der Ersten Flotte mit Strafgefangenen in 1788 in Port Jackson.
Canberra Day känbre däj 2. Märzmontag, nur in ACT.
Easter iejßte *Ostern*
ANZAC Day änsäk däj 25. April. Gedenktag an die Gefallenen des Australia New Zealand Army Corps im 1. WK bei Gallipoli, Türkei.
Queen's birthday kwiejns bööðdäj. Geburtstag der britischen Queen am 2. Junimontag, aber in WA nahe dem 30.9.
Bank Holiday bänk holejdäj 1. Augustmontag in ACT, NSW und am 14. April in TAS.

Für alle Feiertage mit festem Datum gilt, dass wenn sie auf einen Sonntag fallen, auf den darauffolgenden Montag verlegt werden.

Feiern & Freizeit

> **Labour Day** läjbe däj Tag der Arbeit: 1. Oktobermontag in SA, NSW, ACT; 1. Maimontag in QLD, NT; 2. Märzmontag in VIC; 1. Märzmontag in WA, TAS.
> **Christmas Day** krißtmeß däj Weihnachtstag am 25.12.
> **Boxing Day** bokßing däj 26. Dezember

On which date is Easter this year?
on witsch däjt is iejßte öiß jie'e
auf welches Datum ist Ostern dies Jahr
Wann ist Ostern dieses Jahr?

Viel schöner sind jedoch die Festivitäten bei den überall stattfindenden mehrtägigen royal shows rowjel schows – *Landwirtschaftsshows*.

rajds	**rides**	Kirmesattraktionen
schowbäg	**showbag**	Tasche mit Süßigkeiten und Spielzeug für Kinder
schow'dshamping	**showjumping**	Springreiten
rowdäjow	**rodeo**	Rodeo
peräjd	**parade**	(Tier)Parade
schiejring	**shearing**	Schafschur
fajewöökß	**fireworks**	Feuerwerk
dsha'dshing	**judging**	Prämierung von Vieh und Pflanzen

How much are the tickets for the show?
hauw matsch aa öe tiketß fo'e öe schow
wie viel sind die Tickets für die Show
Wie viel kosten die Eintrittskarten für die Show?

Feiern & Freizeit

family ticket	Familieneintrittskarte	fämliej tiket
adults	Erwachsene	ädaltß
children	Kinder	tschildren
pensioners/seniors	Rentner	pänschnes/ßiejnjes
groups	Gruppen	gruwpß

Where are the Showgrounds?
wä'e aa ðe schowgrauwnds
wo sind die Showterrain
Wo findet die Show statt?

When is the Royal Darwin Show/the Cup?
wän is ðe roijel daawen schow/ðe kap
wann ist die königliche Darwin Show/der Cup
Wann ist die Royal Darwin Show/
der Melbourne Cup?

Feiern & Freizeit

exhibition	äkße'bischn	Ausstellung
art, craft	aat, kraaft	Kunst, Handwerk
gallery	gäleriej	Galerie
museum	mjuw'siejem	Museum
sculpture	ßkalptsche	Skulptur
pottery	poteriej	Keramik
drawing	drowing	Zeichnung
opera, ballet	opra, bäläj	Oper, Ballett
cinema, film	ßinema, film	Kino, Film
concert	konßööt	Konzert
play	plaj	Theaterstück
aisle, row	ajl, row	Gang, Reihe
stage	ßtäjdsh	Bühne

Film (Theater) wird auch amerikanisch movie (theatre) muwviej (ðie'ete) *oder britisch* picture (theatre) piktsche (ðie'ete) *genannt.*

What are the opening hours?
wodaa ðe owpening auwes
was sind die öffnend Stunden
Wie sind die Öffnungszeiten?

The Show is open until 10 at night.
ðe schow is owpen antil tän äd najt
die Show ist offen bis zehn bei Nacht
Die Show ist bis 22 Uhr geöffnet.

Where's the ticket office?
wäs ðe tiket ofiß
wo'ist das Ticket Büro
Wo ist der Kartenverkaufsschalter?

What's on at the theatre today?
wotß on äd ðe ðiejede tedäj
was'ist an bei der Theater heute
Was läuft heute am Theater?

Feiern & Freizeit

Who's playing?
huws plajing
wer' ist spielend
Wer spielt?

Who's it made by?
huw isid mäjd baj
wer ist es gemacht durch
Von wem ist es?

band, singer	bänd, ßinge	Band, Sänger(in)
actor, actress	äkte, äktreß	Schauspieler(in)
artist	aadißt	Künstler(in)
composer	kompowse	Komponist(in)
dancer	dänße	Tänzer(in)
director	dejräkte	Regisseur(in)
musician	mjuwsischn	Musiker(in)

Zu den großen Vergnügen im Outback gehören auch die B & S balls biejen äß bols; Kennenlern-Parties für bachelor and spinster bätschele en ßpinßte – *Jungeselle und Junggesellin.*

I'd love to go out tonight.
ajd lavte gow auwt tenajt
ich' würde lieben zu gehen aus zu-Nacht
Ich würde heute Abend gerne ausgehen.

How about we go dancing?
hauw ebauwt wiej gow dänßing
wie über wir gehen tanzend
Wie wär's wenn wir tanzen gehen?

bar, pub	ba'e, pab	Bar, Kneipe
club	klab	Klub
nightclub	najtklab	Nachtclub
disco	dißkow	Disco
live music	lajf mjuwsik	Livemusik

South Australia hat es auf seinem Nummernschild stehen: the festival state ðe feßtivel ßtäjt *– der Festivalstaat. Es wimmelt nur so von Festivals in Australien. Dazu gehören in alen Großstädten das* Fringe festival frinsh fäßtivel *– Kultur- und Musikfestival,* the Big Day Out ðe big däj auwt *– alternatives Musikfestival und nur in Sydney der schwul-lesbische* Mardi gras maadiej graa *– Karneval.*

one hundred and fifty-one wan handriden fiftiej wan

Feiern & Freizeit

How much is the cover charge?
hauw matsch is ðe kave tschaadsh
wie viel ist der Deckung Kosten
Wie viel kostet der Eintritt?

What kind of music do they play?
wodt kajndof mjuwsik duw ðäj pläj
was Art von Musik tun sie spielen
Welche Art von Musik spielen sie dort?

Sport & Glück

Die Australier sind ein Sport-verrücktes Volk. Allen voran geht es dabei um cricket kriked – Cricket und footy fudiej – *australischer Fußball*. Doch alljährlich hält sie auch das wichtigste Pferderennen in Atem: Melbourne Cup mälbön kap. Jeder plaziert seine Wette und hofft auf eine Glückssträhne.

Eine Besonderheit sind chook raffles tschuk räfels – Hühnchentombola. Mit seinem in der Kneipe gekauften Los kann man in einer Tombola ein gefrorenes Huhn, einen Kasten Bier oder Grillfleisch gewinnen.

Bets please. **Make your bet, please.**
bätß pliejs   majk jer bät pliejs
Wetten bitte   *mache dein Wette bitte*
Wetten, bitte.   Platzieren Sie Ihre Wette, bitte.

TAB	täb/tie äj biej	Wettbüro
bookie	bukiej	Buchmacher
good/bad trot	gud/bäd trot	Glück/Pech
hoop	huwp	Jockey
racetrack	rajßträk	Rennbahn
pokies	powkiejs	Spielautomat
chips	tschipß	Spielchips
casino	ke'ßiejnow	Kasino

Feiern & Freizeit

Do you play any sports?
djuw pläj äniej ßpotß
tun du spielen irgendein Sporte
Übst du irgendeinen Sport aus?

I play soccer / do yoga / go climbing.
aj plaj ßoke / duw jowga / gow klajming
ich spiele Fußball / mache Yoga / gehe kletternd
Ich spiele Fußball / mache Yoga / klettere.

climbing	klajming	Klettern
cycling	ßajkling	Rad fahren
hockey	hokiej	Hockey
soccer	ßoke	Fußball
rugby	ragbiej	Rugby
basketball	baßketbol	Basketball
volleyball	voliejbol	Volleyball
skiing	ßkiej'ing	Ski fahren
golf	golf	Golf
netball	nätbol	Netzball
squash	ßkwosch	Squash
tennis	täniß	Tennis

Wenn man an der Ostküste football *futbol spielt, meint man* rugby, *im Süden und im Westen meint man* Australian rules football *und unser Fußball nennt sich* soccer *und ist bei Australiern italienischer Herkunft sehr beliebt.*

Cricket – cricket kriked

Es erinnert irgendwie an Baseball aber jedes Spiel dauert viel, viel länger und die meiste Zeit geschieht gar nichts. In der Mitte des oval owvel – *ovales Spielfeld* ist der pitch pitsch – *Schlagbereich* auf dem zwei wickets wiketß stehen. Jede Mannschaft besteht aus 11 Spielern. Von der Mannschaft am Schlag sind zwei batsmen bätßmen – *Schlagmänner* auf dem Feld, von der

Feiern & Freizeit

Beim Sport sieht man das australische Wappen in den Nationalfarben green and gold griejn en gowld – grün und gold.

Gegenmannschaft ein bowler bowle – *Werfer*, ein wicket-keeper wiket kiejpe – *Ballfänger* und neun fielders fiejldes – *Feldspieler*. Immer wenn der Schlagmann den Ball trifft, rennen die beiden Schlagmänner zwischen den wickets hin und her, jeden vollendeten Tausch nennt man run ran – *Lauf*. Die Gegenmannschaft im Feld versucht den Ball zu fangen, bevor der Lauf vollendet ist, denn dann gilt der Lauf nicht und der Schlagmann ist raus und darf in diesem innings inings – *Spieldurchgang* nicht mehr spielen. Wenn 10 der 11 Spieler raus sind, ist der Spieldurchgang beendet und die Gegenmannschaft ist dran. Wer am Ende die meisten runs hat, hat gewonnen. Alles klar?

bät, bol	**bat, ball**	Schläger, Ball
päds, bokß	**pads, box**	Schienbein-, Penisschutz
glavs	**gloves**	Handschuhe
wiket	**wicket**	3 senkrechte Stäbe, (stumps ßtampß) auf denen zwei kurze Querhölzer (bails bajlß) liegen.
kriejß	**crease**	Linie um die wickets herum
owve	**over**	nach 6 geworfenen Bällen
ran auwt	**run-out**	wenn der Ball gefangen wird, bevor der run vollendet ist
bauwnderiej	**boundary**	Schlag aus dem Feld: 4 runs, ohne Bodenberührung: 6 runs
owveðrow	**overthrow**	run nachdem der fielder leider am wicket-keeper vorbeiwarf
schowt ran	**short run**	zu kurzer, ungültiger run
täßt mätsch	**test match**	mehrtägiger Wettkampf
wan däje	**one dayer**	Eintageswettkampf

Feiern & Freizeit

avagoyermug (= have a go, you mug!)
äve gow jemag
haben ein gehen du Idiot
Jetzt mach schon!

aussie, aussie, aussie, oy, oy, oy
osiej, osiej, osiej, oij, oij, oij
Australier, Australier, Australier, go, go, go
(Schlachtruf der Australier)

What does that mean?
wodt das ðäd miejn
was tut das bedeuten
Was bedeutet das?

Who's winning?
huws wining
wer'ist gewinnend
Wer gewinnt?

The poms lost again.
ðe poms loßt egän
die Engländer verloren wieder
Die Engländer haben wieder verloren.

Unnachahmlich:
umpire ampaje
– Schiedsrichter in weißer Kleidung, mit weißem Hut und Handschuhen, deren Bewegungen stark an das Ziehen eines Revolvers erinnern.

one hundred and fifty-five wan handriden fiftiej fajv | **155**

Feiern & Freizeit

Australischer Football – footy fudiej

Nein, es ist kein Fußball, auch nicht American Football, auch kein Rugby, es ist anders! Zwei Mannschaften à 18 Spieler spielen auf einem oval owvel – *ovalen Feld* mit dem footy fudiej – *eiförmigen Ball* für 4 x 20 Minuten. Wer die meisten goals gowls – *Tore* hat, gewinnt. Ein Torschuss zwischen die zwei goal posts gowl powßtß – *innere Torpfosten* zählt 6 Punkte. Nur 1 Punkt bekommt man für einen behind behajnd. Der Ball darf mit dem Fuß gekickt oder gevolleyt werden, nicht aber geworfen. Wer mit dem Ball rennt, muss ihn Handball-artig auftitschen lassen. Die Gegenmannschaft versucht dem Spieler den Ball mit einem tackle täkel – *Angriff* zu entrücken.

Ein behind *ist ein Tor entweder 1) ohne Fußkick, 2) an den* goal posts *vorbei aber innerhalb der* point posts poijnt powßtß – *äußeren Stangen, 3) der Ball berührte eine der* goal posts, *4) der Ball berührte vorher einen anderen Spieler.*

ruckman rakmän	Großer Spieler, der springt um den Ball einem kleinen rennenden Spieler zuzukicken
full forward ful fowed	Spieler an der Vorderlinie, der die Tore schießt
mark maak	Fang des Balls, der weiter als 10m geflogen ist
free-kick friej kik	Freistoß als Belohnung für einen mark
50-meter-penalty fiftiej miejde päneltiej	50-Meter-Strafstoß
out of bounds on the full auwtof bauwnds on ðe ful	Ball fliegt ohne Berührung nach „aus". Freistoß für die andere Mannschaft.
guernsey göönsiej	Trikot

Danach ist alles Taktik, aber das lassen Sie sich am besten von einem Australier beim Spiel erklären.

Can you explain the game to me please?
kän juw ekßplajn ðe gäjm tuw miej pliejs
kannst du erklären das Spiel zu mir bitte
Kannst du mir bitte das Spiel erklären?

Und zum ungeduldigen Anfeuern:

Caaarn! (= Come on!)
kaaaan
komm auf
Komm schon! Mach! Schieß!

Geld, Post, Telefon

Die Währung nennt sich **dollar** dole – *Dollar* und kleinere Einheiten sind 5, 10, 20, 50 **cent** ßänt – *Cent*. Aber wer hier reist, braucht nicht unbedingt Bargeld in der Hand zu haben, denn **credit card** krädid kaad – *Kreditkarte* wird fast überall akzeptiert. Das hat auch den Vorteil, dass Kreditkartengesellschaften üblicherweise günstiger abrechnen als die Bank.

I'd like to withdraw $1000.
ajd lajkte wiðdrow wanðauwsend doles
ich'würde mögen zu abheben Dollar-1000
Ich möchte gern 1000 Dollar abheben.

Geld, Post, Telefon

How would you like it?
hauw wudje lajk id
wie würde du mögen es
Wie möchten Sie es haben?

Smaller notes please.
ßmole nowtß pliejs
kleinere Scheine bitte
In kleineren Scheinen, bitte.

bänk, äj-tiej-äm	**bank, ATM**	Bank, Geldautomat
nowt	**note**	Geldschein (5, 10, 20, 50, 100) aus Plastik!
koijn, tschäjnsh	**coin, change**	Geldstück, Wechselgeld
träveles tschäk	**travellers cheque**	Traveller Cheque
käsch in edvaanß	**cash in advance**	Vorauszahlung (wenn Sie ihre Geheimnummer vergessen haben)
karenßiej, reßiejt	**currency, receipt**	Währung, Quittung
ekßtschäjnsh räjt	**exchange rate**	Wechselkurs

Post – post powßt

stamp	ßtämp	Briefmarke
postcode	poßtkowd	Postleitzahl
package	päkedsh	Paket
parcel	paaßel	Päckchen
letter	läte	Brief
(post)card	(powßt)kaad	Postkarte
post restante	poßt räßtante	postlagernd
PO box	piej ow bokß	Postfach
letter box	läde ow bokß	Briefkasten

Geld, Post, Telefon

I'd like some stamps to post this to Germany.
ajd lajk ßam ßtämß te powßt ðiß te dshöömeniej
ich'würde mögen einige Briefmarken zu schicken dies zu Deutschland
Ich möchte gerne Briefmarken kaufen, um das nach Deutschland zu schicken.

How much do you need to put on there?
hauw matsch djuw niejd te put on ðä'e
wie viel tun du brauchen zu legen auf dort
Wie viel muss man da drauf kleben?

I'd like to post this letter, please.
ajd lajkte powßt ðiß läde pliejs
ich'würde mögen zu Post-aufgeben diesen Brief, bitte
Ich möchte diesen Brief verschicken.

Telefon – phone fown

Could I make a phone call please?
kudaj majk e fown kowl pliejs
kann ich machen ein Telefon Anruf bitte
Darf ich mal telefonieren?

I need to phone/ring/call a hotel.
aj niejte fown/ring/kowl e howtäl
ich brauchen zu anrufen ein Hotel
Ich muss ein Hotel anrufen.

Für public phones pablik fownß – *öffentliche Telefone* ist Telstra tälßtre zuständig. Auf allen Telstra-Telefonen gibt es fünf Tasten, deren Funktionen ganz hilfreich sind:

Wenn man länger in Australien bleibt, lohnt sich eine phonecard fownkaad *– Telefonkarte. Die gibt es am Flughafen, im Supermarkt, Zeitungsladen, etc. zu kaufen.*

Zoll, Botschaft & Polizei

Card Changeover	Wechseln der Karte
Volume Control	Regeln der Lautstärke
Language Selection	Wahl der Sprache
Follow on	Kredit wird für nächstes Gespräch gutgeschrieben
Insert card	Karte einführen
Minimum fee 40c	Mindesteinwurf 40c

Zoll, Botschaft & Polizei

Die Einfuhrbestimmungen sind sehr strikt in Australien. Alle Lebensmittel, Pflanzen und Holzprodukte müssen Sie deklarieren und im Pechfall gleich wegwerfen; Dreck an den Schuhsohlen wird inspiziert.

Zoll, Botschaft & Polizei

immigration	imigräjschn	Einreise
customs	kaßtems	Zoll
passport	paaßpowt	Reisepass
application	äplikäjschn	Antrag
form, photo	fowm, fowdow	Formular, Foto
embassy	ämbeßiej	Botschaft

I'd like to claim back GST on these bills.
ajd lajkte klajm bäk dschiej-äß-tiej on ðiejs bils
ich'würde mögen zu deklarieren zurück Mehrwertsteuer auf dies Rechnungen
Ich würde gerne die Mehrwertsteuer für diese Rechnungen zurückerhalten.

GST können Sie bei Ausreise zurückfordern, wenn Sie mehr als $300 auf einem Bon ausgewiesen haben und die Ware vorzeigen können.

My luggage was stolen.
maj lagidsh wos ßtolen
mein Gepäck war gestohlen
Mein Gepäck ist gestohlen worden.

suitcase, bag	ßjuwtkäjß, bäg	Koffer, Tasche
backpack	bäkpäk	Rucksack
purse	pööß	Portmonee
wallet	woled	Brieftasche

I'd like to extend my visa.
ajd lajkte ekßtänd maj viejsa
ich'würde mögen zu verlängern mein Visum
Ich würde gern mein Visum verlängern.

How much longer do you plan to stay?
hauw matsch longge djuw plän te ßtäj
wie viel länger tun du planen zu bleiben
Wie lange wollen Sie noch bleiben?

Erste Hilfe & krank sein

Falls Sie zu schnell fahren, hält Sie vielleicht ein police officer peliejß ofiße – *Polizist* an. Ein „Bulle" ist ein copper kope oder fuzz fas.

May I see your driving license please?
mäj aj ßiej jer drajving lajßenß pliejs
darf ich sehen dein fahrend Lizenz bitte
Kann ich bitte Ihren Führerschein sehen?

Sie brauchen übrigens keinen internationalen Führerschein in Australien, der Europäische reicht aus. Im seltenen Falle eines Feuers sollten Sie die fire brigade faje brigäjd – *Feuerwehr* auf der emergency phone number emöödshenßiej fown nambe – *Notfallnummer* 000 anrufen.

Erste Hilfe & krank sein

Am wichtigsten ist es, sich vor der Sonne zu schützen. Halten Sie es ganz nach dem Slogan der australischen Regierung:

SLIP, SLOP, SLAP = Slip on a shirt, slop on some sunscreen and slap on a hat!
ßlip, ßlop, ßläp = ßlip on e schööt, ßlop on ßam ßanßkriejn en ßläp on e häd
schlüpfen auf ein Shirt, kleckern auf etwas Sonnenmilch und setzen auf ein Hut
Shirt, Sonnenschutz und Hut gebrauchen!

Erste Hilfe & krank sein

sunscreen	Sonnenmilch	ßanßkriejn
sunburn cream	Sonnenbrandcreme	ßanböön kriejm
insect repellent	Insektenschutzmittel	inßäkt riejpälend
condom	Kondom	kondom
pain-reliever	schmerzstillendes Mittel	päjn reliejve
antiseptic	Antiseptikum	äntiejßäptik
antibiotic	Antibiotikum	äntiejbajodik
electrolyte powder	Elektrolytisches Pulver	eläktrowlajt pauwde
(elastic) bandage	(elastischer) Verband	(eläßtik) bändidsh
bandaid, gauze	Pflaster, Mull	bändäjd, gows
first aid tape	Leukoplast	föößt ajd täjp
scissors, tweezers	Schere, Pinzette	ßises, twiejses
safety pin	Sicherheitsnadel	ßäjftiej pin
antivenom	Gegengift	äntiejvänem
doctor, dentist	Arzt, Zahnarzt	dokte, däntißt
hospital/clinic	Krankenhaus	hoßpidel/klinik
chemist	Apotheke	kämißt
ambulance	Krankenwagen	ämbjuwlenß

Go and see a quack!
gow en ßiej e kwäk
gehe und sehe ein Quacksalver
Geh zum Arzt!

It hurts here.
idt hööt? hie'e
es wehtun hier
Es tut hier weh.

Ein GP dshiej piej *ist auch ein Arzt (kommt von* general practitioner*).*

I've got a tooth ache.
ajv got e tuð äjk
ich'habe bekommen ein Zahn Schmerzen
Ich habe Zahnschmerzen.

I have a cough / cold / the flu.
aj häve a kof / kowld / ðe fluw
ich habe ein Husten / Erkältung / die Grippe
Ich habe eine(n) Husten / Erkältung / Grippe.

Erste Hilfe & krank sein

Vielleicht kennen Sie die Fernsehserie Flying Doctors flajing doktes *– Fliegende Ärzte? Nun, die gibt es wirklich, denn in den entlegenen Gebieten gäbe es sonst keine ausreichende ärztliche Versorgung. Es gibt den* Royal Flying Doctor Service roijel fajing dokte ßööviß *– Königlichen Dienst Fliegender Ärzte,* Flying Surgeon *flajing ßöödshen – Fliegende Chirurgen und die* Aerial Ambulance äriejel ämbjuwlenß *– Luft-Krankenwagen.*

Hier nur Körperteile, auf die Sie nicht zeigen können, den Rest finden Sie in der Wortliste.

stomach	ßtamek	Magen
head, throat	häd, ðrowd	Kopf, Kehle
bone	bown	Knochen
muscle	maßel	Muskel
vagina	vedshajna	Vagina
penis	piejneß	Penis
kidney, bladder	kidniej, bläde	Niere, Blase
uterus	juwdereß	Gebärmutter
lungs, heart	langs, haat	Lunge, Herz

I recently had a heart attack / surgery.
aj riejßentliej häd e haadetäk / ßöödsheriej
ich kürlich hatte ein Herz Attacke / Operation
Ich hatte vor kurzem eine(n) Herzanfall/ Operation.

It's itching/burning.
itß itsching/bööning
es'ist juckend/brennend
Es juckt/brennt.

I've got a rash /an infection.
ajv got e räsch / en infäkschn
ich'haben bekommen ein Ausschlag / eine Infektion
Ich habe einen Ausschlag / eine Entzündung.

I still have a high temperature.
aj ßtil häv e haj tämpretsche
ich noch habe eine hohe Temperatur
Ich habe noch erhöhte Temperatur.

Erste Hilfe & krank sein

I've got a very painful blister/bruise.
ajv got e värie päjnful blißte/bruws
ich'habe bekommen ein sehr schmerzhaft Blase/Prellung
Ich habe eine sehr schmerzhafte Blase/Prellung.

I think this is sprained/broken.
aj ðink ðißis ßprajnd/browken
ich glaube dies ist gezerrt/gebrochen
Ich glaube das ist gezerrt/gebrochen.

I fell/slipped from the pushie/rock.
aj fäl/ßlipt from ðe puschie/rok
ich fiel/rutschte von das Fahrrad/Felsen
Ich bin vom Fahrrad gefallen/Felsen gerutscht.

I've been bitten by a spider/tick.
ajv biejn biten baj e ßpajde/tik
ich'habe gewesen gebissen durch ein Spinne/Zecke
Ich wurde von einer Spinne/Zecke gebissen.

Sollten Sie schon mit Schmerzen in den Beinen in Australien ankommen, könnte es sich um eine **thrombosis** ðrombowßiß – *Thrombose handeln.* Gehen Sie sofort zum Arzt.

Hier eine Liste an Übeltätern, bei denen Maßnahmen zu ergreifen sind. Bei Nicht-Allergikern reicht es die Wunde mit Eis zu kühlen:

green ant	Ameise mit grünem Po	griejn änt
bull ant	sehr große Ameise	bul änt
red-back spider	schwarze Spinne m. rotem Klecks auf dem Rücken	rädbäk ßpajde
house spider	schwarze Hausspinne	hauwß ßpajde
scorpion	Skorpion	ßkorpjen
centipede	Hundertfüßler	ßäntepiejd

Erste Hilfe & krank sein

I've been stung by a bee/wasp.
ajv biejn stang baj e biej/woßp
ich'habe gewesen gestochen bei eine Biene/Wespe
Ich wurde von einer Biene/Wespe gestochen.

I'm feeling sick / allergic to bees.
ajm fiejling ßik /ellödshik te biejs
ich'bin fühlend krank / allergisch zu Bienen
Ich fühle mich nicht wohl / bin gegen Bienen allergisch.

I had to vomit.
aj hädte vomit
ich hatte zu kotzen
Ich muss mich übergeben.

Bisswunde nicht aussaugen oder auswaschen! Wenn möglich das Tier zur Identifizierung mitnehmen.

Sobald jemandem übel wird, ist es etwas Schlimmeres. Viele der australischen Spinnen haben ein für Menschen tödliches Gift. Legen Sie sofort einen Druckverband an der Bisswunde an, damit der Eintritt des Giftes in die Blutbahn verlangsamt wird. Der Patient sollte nicht bewegt werden!

Can you go and get help, please?
kän juw gow en gät hälp pliejs
kannst du gehen und bekommen Hilfe bitte
Kannst du bitte Hilfe holen?

You need to apply a pressure bandage.
juw niejd te eplaj e präsche bändedsh
du brauchen zu anwenden ein Druck Verband
Du solltest einen Druckverband anlegen.

Erste Hilfe & krank sein

funnel-web spider	Trichternetzspinne	fanelwäb ßpajde
cone snail	Kegelschnecke (Meer)	kown ßnajl
blue ringed octopus	Blauring-Oktopus	bluw ringd oktepuß
brown snake	Braunschlange	brauwn ßnäjk
spotted mulga	Mulgaschlange	ßpoded malga
butler's snake	Butler-Schlange	batles ßnäjk
death adder	Todesnatter	däd äde
sea snake	Seeschlange	ßiej ßnäjk
taipan	Taipan (Schlange)	tajpan
tiger snake	Tigernatter	tajge ßnäjk
Stephen's snake	Stephen's Schlange	ßtiejvens ßnäjk

My skin was burned by box jellyfish's tentacles.
maj ßkin wos böönd baj e bokß dshäliejfisches täntekels
meine Haut war verbrannt bei Kasten Gummifisch'sein Tentakeln
Meine Haut wurde von Quallentakeln verbrannt.

Do you have crushed ice?
duw juw höv kraschd ajß
tun du haben zerhacktes Eis
Hast du Eisbrocken?

There are leeches all over me!
ðä'e liejtsches owl owve miej
dort sind Blutegel all über mir
Da sind lauter Blutegel auf meinem Körper!

Keine Panik, einfach vorsichtig abziehen oder aber warten, bis sie von selbst runterfallen.

Waschen Sie die von den Tentakeln der Qualle betroffenen Körperstellen mit vinegar vinege – Essig *ab und geben Sie* artificial respiration aadefischel räßperäjschn – *Mund-zu-Mund-Beatmung.*

Bei allen anderen Quallenarten die Wunden einfach mit Seewasser abwaschen und in ice ajß – Eis *packen.*

Literaturhinweise

W er das australische Englisch weiter vertiefen möchte:

www.reise-know-how.de – **Australian Slang, Kauderwelsch Band 48**, Reise Know-How Verlag, Bielefeld, ISBN 3-89416-041-1 – *Slang von alltäglich bis derb*

– **How to speak Australian – So spricht man in Australien**, Sascha Exner, EVP 1999, ISBN 3-924544-77-8 – *Slang von alltäglich bis derb*

www.lonelyplanet.com – **Australian phrasebook**, Lonely Planet, ISBN 0-86442-576-7 – *Slang und Vergleich von Aborigine-Sprachen (Englisch)*

www.macquariedictionary.com.au – **The Macquarie Dictionary**, The Macquarie Library 2001, ISBN 0-949757-96-9 – *das Wörterbuch für Englisch in Australien! (Englisch)*

– **Dinkum Aussie Slang - a handbook of Australian rhyming slang**, John Meredith, Kangaroo Press, 1991 – *reimender Slang (Englisch)*

– **Australien: Reisen und erleben; Tiere und Pflanzen entdecken**, Donatus Fuchs und Martin Baehr, Kosmos Verlag, Stuttgart 1998, ISBN 3-440-07666-0 – *Reisebuch mit Flora und Fauna (lat., dt., engl. Namen), nicht ganz fehlerfrei*

www.steveparish.com.au – **Encyclopedia of Australian Wildlife**, Pat Slater, Steve Parish Publishing, 2000, ISBN 1-74021-015-8 – *über Australiens Fauna, aber alles stimmt (Englisch)*

– **Tukka: real Australian food**, Jean-Paul Bruneteau, New Holland Publishers 2000, ISBN 1-86436-650-8 – *Bush Tucker Kochbuch mit Erklärung der Zutaten (Englisch)*

Wortliste Deutsch – Australisch

H*inter unregelmäßigen Tätigkeitswörtern* * *ist die Form der einfachen Vergangenheit und der vollendeten Gegenwart angegeben; steht nur eine Form in Klammern, sind beide Formen identisch. Bei Hauptwörtern steht die unregelmäßige Mehrzahlform in Klammern. Im Australisch-Deutschen Teil sind unregelmäßige Formen von Tätigkeitswörtern alphabetisch einsortiert.*

A

ab off
abbiegen turn
abdecken cover
Abend evening
aber but
Abflug take-off
Abfluss drain
abheben withdraw *Geld*
abnehmen loose weight *Gewicht,* wane *Mond*
abreisen leave* *(left)*
absagen cancel
Abteilung department
Abtreibung abortion
Abzeichen badge
Acht geben beware of* *nur Gegenwart!*
achten auf pay attention
Achtung watch out
Adresse address
ähnlich similar to
alle all
allein alone
alles everything
allgemein general
als than *Vergl.,* when *zeitl.*
also then
Alter age
älter elder, older
Ampel lights *Mz.*
an at *bei,* on *elektrisch*
anbieten offer
anders different, else
anfangen begin* *(began, begun)*
angenehm pleasant
Angestellte(r) employee
angreifen attack
Angst fear
anhalten stop
ankommen arrive
Ankunft arrival
annehmen accept, suppose *vermuten*
Anruf call
anrufen call, phone
anschnallen fasten seat-belt
anstecken infect
Antrag application
Antwort answer
antworten answer
Anwalt lawyer
anziehen put ... on, get dressed
Apotheke(r) chemist
Arbeit work
arbeiten work
Arbeitgeber employer
Architekt architect
argumetieren argue
arm poor
Art kind, type, specie *Tier*
Arzt doctor
Assistent assistant
Atem breath
atmen breathe
Aubergine eggplant
auch also, too
auf up, open *offen,* on *örtl*
aufbewahren store
Aufbewahrung storage
aufblasbar inflatable
Aufenthalt stay
aufhalten, sich be
aufheben pick-up *Boden*

one hundred and sixty-nine wan handriden ßikßtiej najn

Wortliste Deutsch – Australisch

aufhören stop
aufstehen get* up *(got)*
auftragen apply
aufwachen wake* up *(woke, woken)*
aufwärmen reheat
Auge eye
aus off *ausgeschaltet*, from *örtl.*, out *aus heraus*
Ausfahrt exit
ausfüllen fill in
ausgraben dig out
Auskunft information
Ausländer foreigner
Ausrede excuse
ausrutschen slip
Ausschlag rash
aussehen look
Aussicht view
Aussprache pronunciation
aussteigen get* off *(got)*
Ausstellung exhibition
aussuchen pick
Ausweis identity card *(ID)*
ausziehen take* off *(took, taken)* your/my/... clothes
Autor author, writer
Avokado avocado

B

Bach creek
baden bathe
bald soon
Bargeld cash
Bart beard
bauen build* *(built)*
Baum tree
Beamte(r) civil servant
beantragen apply
Becher cup
Bedürfnis need

beeilen hurry (up)
beenden finish
begleiten accompany
Begleitung company
behalten keep* *(kept)*
bei at
Bein leg
Beispiel example
beißen bite * *(bit, bitten)*
bekannt well-known *berühmt*, familiar *kennen*
bekommen get* *(got)*
beliebt popular
bemühen, sich try
Bemühung effort
benachrichtigen inform
beobachten observe, watch
Beobachtung observation
bequem comfortable
berechnen charge
Berg mountain
berichten report
berühmt famous
berühren touch
beschädigen damage
beschäftigt busy
beschreiben describe
Beschreibung description
beschweren complain
besetzt engaged
besichtigen visit
Besitzer owner
besoffen pissed, tanked
besser better
beste best
Besteck cutlery
besuchen visit
Besucher visitor
Bett bed
Bettlaken bedsheet
beurteilen judge
Bevölkerung population

bevor before
bevorzugt favourite
bewusstlos unconscious
bezahlen pay
Bier beer
Bild picture, painting
bilden form
Bildung education
billig cheap
binden strap
Biologie biology
bis to *örtl.*, until *zeitl.*
bisschen, ein a bit/tad
Bissen bite
Bitte favour
bitten ask for
bitter bitter
Blase blister *Wunde*, bladder *Harn*
blasen blow* *(blew, blown)*
blass pale
Blatt leaf *Baum*, sheet *Papier*
bleiben stay
Blitz flash *Gerät*, lighting *Natur*
Blume flower
Blumenkohl cauli(flower)
Blut blood
Boden ground *Erde*
Bohnen beans *Mz.*
Bok Choy buk choy
Boot boat, ship
Brand fire
braten fry, roast
Brauch custom
brauchen need
brauen brew
braun brown, tanned *Haut*
brechen break* *(broke, broken)*
bremsen brake

Wortliste Deutsch – Australisch

brennen burn
Brille glasses *Mz.*
bringen bring* *(brought)*
Brokkoli broccolli
Brust breast, chest *-korb*
Buch book
buchen book
buchstabieren spell
Bucht cove, bay
Buchung booking
Bühne stage
Büro office
Busch bush, scrub
Buschfeuer bushfire

C

Chance chance
Chemie chemistry
Chemiker chemist
Chirurg surgeon

D

da there *dort*, since *weil*
Dach roof
daher therefore
damit in order to
Dampf steam
danach afterwards
danke thank you, thanks, ta
danken thank
dann then
darum therefore
dass that
Datum date
dauern take* *(took, taken)*
Daumen thumb
Decke blanket
denken think* *(thought)*, reckon *meinen*
deshalb therefore

dick thick *Ding*, fat *Person*
Diebstahl theft
dies this, these *Mz.*
Ding item *Teil*, thing(ie)
direkt straight
Direktor director
Dokument document
Dolmetscher translator
doppel double
Dorf village
Dorn thorn
dort there
Dose tin(nie)
draußen outside
drehen turn
dringend urgent
dritte third
Druck pressure
drücken push
dunkel dark
dünn slim *schlank*, thin *Ding*
durch through, thru *hindurch*, by *kausal*
durchfallen fail
Durchschnitt average
dürfen may* *(might)*
Dürre drought
Durst thirst
durstig thirsty
duschen take* a shower *(took, taken)*
Dutzend dozen

E

eben flat
Ebene plain
echt real(ly)
Ecke corner
eigene own
Eigentum property

einander one another
Eindruck impression
einfach easy *leicht*, plain *simpel*, simply *Adv.*
einführen insert *Karte*
Einführungs- introductory
einige a couple/few, some
einigermaßen reasonably
einkaufen shop
Einkommen income
einladen invite
Einladung invitation
einmal once
einschließen include *inbegriffen*, lock in *einsperren*
einsteigen get* in *(got)*
eintreten enter, go* in *(went, gone)*
einverstanden ok, alright
einwickeln wrap
Einwohner inhabitant
Eiter pus
elastisch elastic
Elektriker electrician
empfangen get* *(got)*
empfehlen recommend
Ende end
Energie energy
eng narrow *schmal*, tight *Kleidung*
entfernen remove
Entfernung distance
Entschädigung compensation
entscheiden decide
entschuldigen excuse
entschuldigen, sich apologize
Erbse pea
Ereignis event
Erfolg success

Wortliste Deutsch – Australisch

Erfolg haben be successful
erfordern require
erhalten get* *(got)*
erhältlich available
erinnern remember
erklären explain
Erklärung explanation
erlauben allow
Erlaubnis permit
Ermäßigung discount
Ersatz replacement
erstaunlich amazing
erwarten expect
Erwartung expection
erzählen tell* *(told)*
Erziehung education
es sei denn unless
essen eat* *(ate, eaten)*
etwa about *ungefähr*
etwas something *irgendetwas*, somewhat *von der Art her*, some *Menge*

F

fad bland
Faden thread
fähig sein be* able to *(was/were, been)*
fahren ride *2-Rad*, drive* *(drove, driven)* *4-Rad*
Fahrrad fahren cycle
Fahrspur lane
fair fair
fallen fall* *(fell, fallen)*
falls if
falsch wrong
Falte crease
Familienname last name
fangen catch* *(caught)*
fast almost
faul rotten *Obst*, lazy *träge*

Faust fist
Fehler mistake
feiern celebrate
Feiertag holiday
Feld field
Ferse heel
fertig ready
fest firm, hard *hart*
Fett fat, grease *Schmierfett* *dick*
feucht moist, wet
Feuer fire
Feuerwehr fire brigade
Feuerzeug lighter
finden find* *(found)*
Finger finger
Firma company
fischen fish
Fischer fisherman
flach flat
Flagge flag
Flamme flame
Fleck stain
Fleisch meat
fliegen fly* *(flew, flown)*
Flotte fleet
Flug flight
Fluss river
flüstern whisper
Flut flood
fluten flood
Folge result *Ergebnis*
folgen follow
fordern demand
Forderung claim
fortsetzen continue
Fotograf photographer
fotografieren take* pictures *(took, taken)*
Frage question
fragen ask
frei free

fremd unknown *unbekannt*
freuen, sich be* glad *(was/were, been)*
freundlich friendly, kind
Freundschaft friendship
frieren freeze* *(froze, -n)*
frisch fresh
Frisör hairdresser
früh early
frühstücken have* brekkie/ breakfast *(had)*
fühlen feel* *(felt)*
führen guide *Gruppe*, lead *Vorsprung*
Führer guide
Führung guided tour
Füllung filling
für for
furchtbar aweful
fürchten be* afraid (of) *(was/were, been)*
fürchterlich terrible
Fuß foot *(feet Mz.)*
Fußgänger pedestrian
füttern feed* *(fed)*

G

ganz all, entire *Stück*
Garage garage
Gas gas
Gast guest
Gatter gate
Gebäude building
geben give* *(gave, given)*
Gebiet area
gebrauchen use
Gebühr fee
Gefahr danger
gefährlich dangerous
gefallen like
Gefängnis gaol

Wortliste Deutsch – Australisch

Gefäß container
Gefühl feeling
gegen against *etw./jmd.*, around *ungefähr*
Gegend area, region
gegenüber von across from, adjacent to, opposite from
Gehalt salary
gehen go* (went, gone), walk *spazieren*
Gehirn brain
Gelegenheit chance
Gemüse vege(table), vegie
gemütlich comfortable
genau just *Adv.*, right *ja*
Genehmigung permit
genießen enjoy
genug enough
Geografie geography
gerade straight
geradeaus straight ahead
gerecht fair
Gericht court *Recht*, dish *Essen*
Geruch smell
gesamt total
Geschäft business *Handel*, shop/store *Laden*
Geschichte story *Erzählung*, history *hist.*
geschieden divorced
Geschmack flavour, taste
Geschwindigkeit speed
Gesellschaft society
Gesicht face
Gespräch conversation
gestern yesterday
gesund healthy
Gesundheit health
Gewehr gun
Gewicht weight
gewöhnen get* used to (got)
Gift poison
Gipfel peak, summit
Glas glass
Glaube faith, belief
glauben believe
Gleichgewicht balance
Glück luck
glücklich happy
Grad degree
gratulieren congratulate
Grenze border *Land*
grillen have* a barbie *(had)*
groß big *breit*, large *lang*
großartig great
Größe size
Grund reason
gucken gaze *starren*, look
gültig valid
Gurke cucumber
gut good, well, fine *ok*

H

Haar hair
haben have* *(had)*
hacken chop
Hälfte half
Hals neck
halten stop *anhalten*, hold *(held) festhalten*
Hand hand
Handel trade
handeln bargain *Preis*
Handgelenk wrist
Handwerk craft *Kunst-*, trade *Beruf*
Harnblase bladder
hart hard, strong *stark*
Hass hatred
hassen hate, dislike
hässlich ugly

Haupt- main
Haus house
Haut skin
heben lift
heilen cure, heal
heiraten marry, wed
heiß hot
Heizung heater
helfen help
hell bright *leuchtend*, light *nicht dunkel*
her ago
herauslassen drop off *Bus*
herkommen originate, come from (came, come)
Herkunft heritage
herstellen manufacture
herum around
herunter down
Herz heart
Hilfe help
hineinstecken insert
hinten in the back
hinter behind
Hintergrund background
historisch historical
hoch high, tall *lang*
hoffen hope
höflich polite
Höhe elevation *Berg*, height
Höhle cave
holen get* *(got)*
Holz wood
hören hear* *(heard)*
Hüfte hip
Hügel hill

I

im voraus in advance
immer always
indonesisch Indonesian

one hundred and seventy three wan handriden ßäventiej öriej | **173**

Wortliste Deutsch – Australisch

Industrie industry
Infektion infection
Information information
informieren inform
Ingenieur engineer
inklusive included
Institut institute
interessant interesting
interessieren be*
interested *(was/were, been)*
irgendein any

J

jährlich annual(ly)
japanisch Japanese
jede each, every
jeder everybody
jederzeit anytime
jemand anyone, somebody
jenseits beyond
jetzt now
jucken itch
jung young
Juwelier jeweller

K

Kabel cable, lead
Kalender calendar
kalt cold
kämpfen fight* *(fought)*
Kanne jug, pot *Tee*
kaputt broken
Karte card, map *Land-*
Karton box
Kasse cashier
katholisch catholic
kauen chew
kaufen buy* *(bought)*
kaum little
Kehle throat

kein Problem no worries
Keller cellar
kennen know* *(knew, known)*
Kerl bloke, chap, fella
Kiefer jaw *Mund*
Kilometer kilometre
Kinderwagen pram
Kinn chin
Kiste carton *Bier + Wein*
klar clear *Farbe*
Klasse class, grade *Schule*
klatschen applaud
Klebeband (adhesive) tape
kleben stick* *(stuck)*
klebrig sticky
klein small, little *kurz*
Klempner plumber
klettern climb
klopfen knock
Klub club
klug intelligent, smart
Knie knee
Knoblauch garlic
Knöchel ankle
Koch cook
kochen boil *sieden*, cook
Köder bait
Kohl cabbage
Kohlrabi turnip, swede
kommen come* *(came, come)*
kompliziert complicated
Königin queen
königlich royal
können can* *(could)*
können be* able *(was/were, been)*
Kontakt contact
kontaktieren get* in touch *(got)*
kontrollieren check

Kopf head
Korb basket
Körper body
korrigieren correct
kosten cost
kostenlos for free
Kotelett cutlet
kotzen chunder, vomit
krank ill, sick
Krankenschwester nurse
kratzen scratch
Kräuter herbs *(Mz.)*
Krebs cancer *Krankheit*
Kreditkarte credit card
Kreide chalk
Kreuz cross
Kreuzung intersection
kriechen crawl
Krieg war
Kugelschreiber pen
kühl cool, crisp
Kühlbox esky
Kühlschrank fridge
kümmern, sich take* care *(took, taken)*
Kumpel mate
Kunst art
Künstler(in) artist
künstlich artificial
Kurs course
kurz short
kürzlich recently
küssen kiss
Küste coast

L

lächeln smile
lachen laugh
laden load
Lage position
Lampe lamp

174 | one hundred and seventy four wan handriden ßäventiej fo'e

Wortliste Deutsch – Australisch

Landschaft landscape
Landwirtschaft agriculture
lang long
langsam slow
langweilig boring
lassen let* *(let)*
Lauch leek
laufen run* *(ran, run)* *rennen,* walk *gehen*
laut loud, noisy
Leben life
leben live
lecken lick
Leder leather
leer empty
legen lay, put* *(put)*
Lehrer(in) teacher
leicht easy *einfach,* light *nicht schwer*
Leid tun be* sorry *(was/were, been)*
leihen borrow
Leinen linen
leiten lead* *(led)*
lernen learn, study
lesen read* *(read)*
letzte last
leuchten shine
Leute people
Licht light
lieben love
lieber rather
liebste favourite
liefern deliver
Lieferung delivery
liegen lay
Linie line
links left
Linse lense *Auge*
Lippe lip
Liste list
Loch hole

Lohn wage
lose loose
Lösung solution
Luft air
Lunge lung

M

machen make* *(made) herstellen,* do *tun*
Mädchen girl
Magen stomach
mahlen grind* *(ground)*
Mahlzeit meal
Mais (sweet) corn
Mal time *Häufigkeit*
malen paint
man one, you
manchmal sometime(s)
Markt market
Maske mask
Matraze matress
Medikament medicin
Medizin drug
medizinisch medical
mehr more
meinen reckon *denken*
Meinung opinion
meist mostly
meiste most
Menge amount, quantity
merken notice *auffallen,* memorize *sich*
Meter metre
Milch milk
mild mild
mindestens at least
Mist crap, manure *Kuh-,* fuck *Schimpfwort*
mit with
Mitglied member
mitmachen join

Mitte middle
mittel medium
Mode fashion
modern modern
mögen like
möglich possible
Möhre carrot
Mond moon
müde tired
Müll rubbish, refuse
Mülleimer bin
Mund mouth
Musiker musician
Muskel muscle
müssen must, have* to *(had)*
Muster pattern

N

nach to *örtl.,* after *zeitl.,* past *zeitl.*
Nachricht message
nächste next
Nacht night
nackt in the nick, nude
Nadel needle
nah close, near
Name name
Nase nose
nass wet
national domestic, national
Natur nature
natürlich of course
neben next to
nehmen take* *(took, taken)*
nett kind
neu new
neugierig curious
nie never
niedlich cute, sweet

Wortliste Deutsch – Australisch

niedrig low
niemand nobody
Niere kidney
nirgendwo/-hin nowhere
noch still *immer*; yet *nicht*
nochmal again
normalerweise usually
Note mark *Schule*
Notfall emergency
notwendig necessary
nur just, only, simply *einfach*
nutzen use
nützlich useful

O

ob if
oben up, upstairs *Treppe*
obere upper
Oberfläche surface
Oberschenkel thigh
obwohl although
öffentlich public
öffnen open
Öffnung opening
oft often
ohne without
Ohr ear
Opfer victim
Optiker optician
ordentlich neat
organisieren organize
Ort place

P

Paar pair, couple *Ehepaar*, **ein** a couple/few
Päckchen packet
Paket parcel
Panne break down
Papier paper
Paprika(schote) capsicum
parken park
Pass passport
Passagier passenger
passen fit
passieren happen
peinlich embarrassing
perfekt perfect
Perle pearl
Person person
persönlich personal
Pfeife pipe
Pflanze plant
Pfütze pothole
Physik physics
Pilot pilot
Pilz mushie, mushroom
planen plan
Platz square *Viereck*, space *Raum*
plötzlich sudden(ly)
polieren polish
Politiker politician
Polizist police officer
Portion serve
Postbeamte(r) postie
Preis price, rate
preiswert cheap
pro per
Pulver powder

Q

Qualität quality
Quittung receipt

R

Rahmen frame
rasieren shave
Rat advice
raten guess
Rauch smoke
Raum room *Zimmer*
rechnen count
Rechnung check
Recht right, law *Gesetz*
Redakteur editor
reden talk
regeln arrange
regieren rule
Regierung government
regional local
Regisseur film director
reif ripe
Reihe row
reinigen clean
reisen travel
Reisende(r) traveller
rennen run* *(ran, run)*
reparieren fix, repare
reservieren make* a reservation *(made)*
retten rescue
Rettungswagen ambulance
Richter judge
richtig right
Richtung direction
riechen smell
riesig enormous, giant
Rind cow, beef *Fleisch*
Ring ring
roh raw, uncooked
rollen roll
Rosenkohl Brussel sprouts
Rost grid
Rote Bete beetroot
rückständig backward
Rückzahlung refund
rufen call, yell *schreien*
ruhig still *Meer*
rund round
rutschen slip

Wortliste Deutsch – Australisch A-Z

S

Sache thing *Ding*, matter
sagen say
Sahne cream
Salat lettuce *-kopf*, salad
Salbe ointment
Salz salt
sammeln collect
Sänger(in) singer
satt full
Satz sentence
sauber clean
saubermachen clean
sauer sour
Schale bowl
Schalter switch *elektrisch*
scharf spicy *Geschmack*, sharp *Messer*
Schauspieler actor
Schauspielerin actress
Scheibe slice
scheinen seem *als ob*, shine *Sonne*
Schere scissors *Mz.*
scheren shear
Schicht layer *Lage*
schicken send* *(sent)*
schießen shoot* *(shot)*
schlafen sleep* *(slept)*
schlagen hit* *(hit)*
schlecht bad
schlechter worse
schlechteste worst
schließen close
schlucken swallow
Schluss- final *letzte*, end
schmal narrow
schmecken taste
schmerzen hurt* *(hurt)*
schmerzhaft painful
schmutzig dirty, filthy

Schnecke snail
schneiden cut
schnell fast, quick
schon already, yet
schön beautiful, nice
Schönheit beauty
schreiben write* *(wrote, written)*
Schuld fault *Fehler*
schulden owe
Schule school
Schüler(in) student
Schulter shoulder
Schutz protection
schützen protect
schwach weak
schwarz black
schwer heavy *Gewicht*, difficult *schwierig*
schwierig difficult
schwimmen swim* *(swam, swum)*
schwitzen sweat
schwül humid
seekrank seasick
sehen see* *(saw, seen)*
Sehne sinew
sehr a lot, so, very
Seife soap
sein be* *(was/were, been)*
seit since
Sekretärin secretary
Sellerie celery
selten rare(ly), seldom
servieren serve
setzen put* *(put) stellen*, sit* down *(sit) hinsetzen*
sicher safe, sure *sicherlich*
Sicherheit safety
singen sing* *(sang, sung)*
sitzen fit* *(fit) Kleidung*, sit * *(sat) Po*

so so, as *Vergleich*
sofort immediately, now
sogar even
solch this kind/type of
sollen shall* *(should)*, have* to *(had)*
Sonne sun
Soße sauce
sparen save
Spargel asparagus
spät late
spazierengehen go* for a walk *(went, gone)*
spezial special
Spiegel mirror
Spiel game, match *Sport*
spielen play
Spinat spinach
Sprache language
sprechen speak* *(spoke, spoken)*
Spritze shot *Handlung*, syringe
Spur trace
Stadt city, town
Stand stand
stark strong
stattdessen instead
stechen sting* *(stung)*
Steckdose outlet
stehen stand* *(stood)*
stehlen steal* *(stole, stolen)*
steigen rise *hoch*, go* up *(went, gone)*
steil steep
stellen place, put* *(put)*
sterben die, pass away
Steuer tax
Stiefel boot
Stimme voice
Stirn forehead

one hundred and seventy seven wan handriden ßäventiej Ääven | **177**

Wortliste Deutsch – Australisch

stöbern fossick
Stock stick
Stoff fabric
stören disturb
Strafe punishment
Strahl ray *Licht*
Straße road, street
streicheln pat
streiten fight* *(fought)*
Stück part, piece
studieren study
Stufe step
Suche search
suchen look for, search
Summe amount, sum
super! beaut(y), bewdy
Suppe soup
süß sweet
Süßkartoffel sweet potato

T

Tabak tobacco
Tablette pill
täglich daily, everyday
Taille waist
tanzen dance
Tasche bag, pocket *Hosen-*
Taschenlampe torch
Taschentuch tissue
Tasse cup, mug *groß*
tauchen dive
technisch technical
Tee tea, cuppa *Tasse*
teilen share *miteinander*
Teller plate
Teppich carpet
teuer expensive
Teufel devil
tief deep
Tier animal
Tisch table

Tod death
toll awesome
Tomate tomato *(-es, Mz.)*
Tor goal
tot dead
töten kill, murder *Mord*
Tour tour
tragen carry *etw.*, wear*
(wore, worn) Kleidung
traurig sad
treffen meet* *(met)*
trennen separate
Treppe stairs *Mz.*
Tresen counter
trinken drink* *(drank, drunk)*
Trinkgeld tip
trocken dry
tropisch tropical
trotz despite of
tun do* *(did, done)*
Tür door
Turm tower

U

üben practise
über across *etw.*, about
jmd., more *mehr*, above
örtl., over *örtl.*, past *zeitl.*
überall everywhere
übergeben, sich throw up*
(threw, thrown)
überhitzt overheated
überholen overtake
überqueren cross
Übersetzer translator
übrig left
übrigbleiben remain
um at
um zu to, in order to
umarmen embrace

Umleitung detour
umtauschen exchange
Umweg detour
und and
ungeteert unsealed
Universität uni(versity)
unmöglich impossible
unten at the bottom
unter below, under
Unterhaltung conversation
unterrichten teach*
(tought)
unterschreiben sign
untersuchen check

V

Vene vein
Verabredung appointment
verbleit leaded
verboten prohibited
verdammt bloody
verdienen earn
verfallen expire *Datum*
vergessen forget* *(forgot, forgotten)*
verirren get lost* *(got)*
verkaufen sell* *(sold)*
Verkäufer salesperson
Verkehr traffic
verlängern extend
verlassen quit* *(quit)*
Verletzung injury
verlieren loose* *(lost)*
vermieten rent
Vermietung rental
vermissen miss *jmd.*
verringern reduce
verschieden different
Versicherung insurance
verspäten, be* late
(was/were, been)

Wortliste Deutsch – Australisch

Verspätung delay
versprechen promise *jmd.*
Verstand sense
verstauen stash
verstehen understand
versuchen try
vertrauen trust
viel a lot, much
viele many
vielleicht maybe
Viertel quarter
voll full, complet
vollkommen fully
von from, of
vor before *zeitl.*, in front of
voraus ahead
vorbeifahren pass
vorbeikommen pop in
vorbereiten prepare
vorhaben intend, plan
vorher before(hand)
vorschlagen propose
Vorsicht caution
Vorstand management
vorstellen imagine *Geist*, introduce *jmd.*
Vorteil convenience
vorwärts forward

W

wachsen grow* *(grew, grown)*
Wahl choice *Aus-*, election *politisch*
wahr true
während during, while
Wald forest, woods *Mz.*
Wand wall
Wange cheek
Ware goods *Mz.*
warm hot, warm
Warnung warning
warten wait
waschen wash
Wasser water
wecken wake* up *(woke, woken)*
weg away *entfernen*, off *ab*
Weg trail *Pfad*, road, way
wegen because of, due to
weggehen leave* *(left)*
wehtun hurt* *(hurt)*
weil because
weiß white
weit wide, far *entfernt*, baggy *Kleidung*
weitere further, another *ein*
weitermachen proceed
Welt world
wenig few, little
weniger less
wenn when, than *als*, if *falls*
Werbung ad(vertisement)
werden will* *(would)*
Wert value
wert worth
wertvoll valuable
Wettbewerb contest
wichtig important
wie like, as *Vergleich*
wie dem auch sein anyway
wieder again
wiederholen repeat
wild rugged
Willkommen welcome
Wind wind
Windel nappy
winzig small, tiny
wirklich really
wissen know* *(knew, known)*
Wissenschaft science

Wissenschaftler scientist
wohnen live
wollen like to, want
Wörterbuch dictionary
wunderbar lovely
wünschen wish

Z

zahlen pay
Zahn tooth *(teeth Mz.)*
Zahnarzt dentist
zart tender
Zeh toe
Zeichnung drawing
zeigen show
Zeit time
Zeitung newspaper
Zentrum centre, downtown
Zeremonie ceremony
zerren sprain
ziehen pull
Zigarette cigarette, ciggie
Zimmer room
Zoll customs *Mz.*
zu to *Richtung*, too
Zucchini zucchini
züchten breed* *(bred)*
Zucker sugar
Zuckerschote snowpea
Zuhause home
zuhören listen
zunehmen gain weight *Gewicht*, increase
Zunge tongue
zurück back
zurückgeben return
zusammen together
zustimmen agree
zuviel too many/much
Zwiebel onion
zwischen between

Wortliste Australisch – Deutsch

A

about ungefähr, über
above über *örtl.*
accept annehmen
accomodation Unterkunft
accompany begleiten
across über
across from gegenüber von
address Adresse
adhesive tape Klebeband
adjacent to gegenüber von
adult Erwachsener
advice Rat
a few einige, ein paar
after nach *zeitl.*
afterwards danach
again nochmal, wieder
against gegen *etw./jmd.*
age Alter
agency Vermittlung
ago her
agree zustimmen
ahead voraus
aid Hilfe
aircon Klimaanlage
aisle Gang Flugzeug
a little (bit) ein bisschen
all alle, ganz
alley Gasse
allow erlauben
allowed to dürfen
almost fast
alone allein
a lot sehr, viel
already schon
alright ok
also auch
although obwohl

always immer
am bin *von be*
a.m. Vormittag
amazing erstaunlich
ambulance Rettungswagen
amount Menge, Summe
and und
animal Tier
ankle Knöchel
annual(ly) jährlich
another weiterer, ein
answer Antwort, antworten
antivenom Antigift
any irgendein
anyone jemand
anyway wie dem auch sei
apartment Wohnung
apologize sich entschuldigen
application Antrag
apply beantragen
appointment Verabredung
architect Architekt
are bist, seid *von be*
area Gebiet, Gegend
argue argumentieren
army Armee
around gegen, um herum
arrive ankommen
artist Künstler(in)
as so, wie *Vergleich*
ask fragen
ask for bitten
assistant Assistent
at an, bei, um
a tad ein bisschen
ate* aß *von eat*
ATM Geldautomat
available erhältlich

ave(nue) Allee
average Durchschnitt
away weg
aweful furchtbar
awesome toll

B

back hinten, zurück
bad schlecht
baggage Gepäck
baggy weit *Kleidung*
bait Köder
baker(y) Bäcker(ei)
balance Gleichgewicht
bald kahl
ban Verbot
barbie Grillabend
bargain handeln, Schnäppchen
bat Cricketschläger
bath Bad
bathe baden
bathroom Badezimmer
bathtub Badewanne
bay Bucht mittelgroß
BBQ Grillabend
be* sein
be* able to können
be* afraid (of) fürchten
be* glad freuen
be* late verspäten
be* interested sich interessieren
beach Strand
beacon Signallampe
beans Bohnen
beard Bart
beaut super!

Wortliste Australisch – Deutsch

beautiful schön
because weil
because of wegen
been gewesen *von be*
beetroot Rote Bete
before bevor, vor, vorher
beg bitten
began* fing an *begin*
begin* anfangen
begun* angefangen *begin*
behind hinter
believe glauben
below unter
belt Gürtel
berth Schlafplatz
bet Wette, wetten
better besser
between zwischen
beware of Acht geben
beyond jenseits
big groß
billabong Wasserloch
billy Campingkessel
bin Mülleimer
birthday Geburtstag
bit bisschen, biss* *von bite*
bite Bissen, beißen*
bitten* gebissen *von bite*
bitter bitter
bitumen geteert
bladder Harnblase
bland fad
blanket Decke
blemish Pickel
blew* blies *von blow*
blister Blase *Wunde*
block of land Stück Land
bloke Kerl, Typ
blood Blut
bloody blutig, verdammt
blow* blasen, wehen
blown* geblasen *von blow*

board Surfbrett
boat Boot, Schiff
boil kochen
bonnet Motorhaube
booking Buchung
bookshop Buchladen
border Grenze
boring langweilig
borrow leihen, verleihen
bottom Boden, unterer Teil
bought* gekauft, kaufte *buy*
bowl Schale
brain Gehirn
brake Bremse, bremsen
brand Marke, branden
bread Brot
break brechen*, Pause
breakfast Frühstück
breast Brust
breathe atmen
bred* züchtete *von breed*
breed* züchten
breeze Luftzug
brekkie Frühstück
brew brauen
brewery Brauerei
bric-a-brac allerlei
bridge Brücke
bright grell, hell
brilliant leuchtend
bring* bringen
broke* brach *von break*
broken gebrochen* *break*
brother Bruder
brought* brachte, gebracht *bring*
brown braun
browse sich umschauen
bruise Prellung
bubbler Trinkwasserfontäne
bug Insekt, Käfer

build* bauen
building Gebäude
built* baute, gebaut *build*
bull Bulle
bullbar Stoßstange
burn brennen
bus Bus
bush Busch
bushfire Buschfeuer
business Geschäft *Handel*
buster Wind kalt aus Süden
busy beschäftigt
butcher Metzger
buy* kaufen
by durch kausal
bye tschüss
BYO bring eigenen Alkohol

C

cab Taxi
cable Kabel
calendar Kalender
calf Wade
call anrufen, rufen
came* kam *come*
campervan Wohnmobil
can Dose, können*
cancel absagen
cancellation Storno
cancer Krebs
can-do ok
capital Hauptstadt
car Auto, Fahrzeug
caravan Wohnwagen
card Karte
care sich kümmern
carpet Teppich
carry tragen
cart Einkaufswagen
carton Kiste
carve schnitzen

one hundred and eighty one wan handriden ajtiej wan

Wortliste Australisch – Deutsch

cashier Kasse
cask Fass
casual lässig
catch* fangen
cattle Vieh
cattle station Farm
caught* fing, gefangen *catch*
caution Vorsicht
CB Funkradio
celebrate feiern
centre Zentrum
chap Kerl
charge berechnen
cheap billig, preiswert
cheek Wange
chemist Apotheke(r)
chemistry Chemie
chest Brust
chew kauen
chick Mädel
child(ren) Kind(er)
chin Kinn
chock-a-block übervoll
choice Alternative, Wahl
chook Hähnchen
chop hacken
chuck machen
chunder kotzen
church Kirche
ciggie Zigarette
citizenship Nationalität, Staatsangehörigkeit
city Stadt
claim Forderung
clap klatschen
clay Tonerde
clean reinigen, sauber
clear klar Farbe
climb klettern
close nah, schließen
closed geschlossen

coach Reisebus, Trainer
coast Küste
coaster Untersetzer
coin Münze
cold Erkältung, kalt
collect sammeln
colour Farbe
coloured bunt
come* kommen, gekommen
comfortable gemütlich
commonwealth Nationengemeinschaft
company Firma
complain beschweren
complicated kompliziert
compo Arbeitslosengeld
compulsory zwingend
congratulate gratulieren
contest Wettbewerb
contribution Beitrag
control kontrollieren
convict Sträfling
cook Koch, kochen
cool kühl
corkage fee Entkorkungsgebühr
corner Ecke
cost kosten
cotton Baumwolle
could* könnte *can*
count rechnen
countery Kneipenmahlzeit
country Land
course Kurs, Verlauf
court Gericht, Platz
cover Abdeckung
craft Handwerk
crap Mist
crawl kriechen
crease Falte
crime Verbrechen

crisp kühl
crop Feldfrucht
cross Kreuz, überqueren
crossing Kreuzung
cruise Fahrt
cultivated bewirtschaftet
cure heilen, Heilung
curious neugierig
cut schneiden, Schnitt
cute niedlich

D

daily täglich
dairy Milchprodukt
damage beschädigen
dance Tanz, tanzen
danger Gefahr
dangerous gefährlich
dark dunkel
darling Schatz *Kosewort*
date Datum, Verabredung
dawn Morgendämmerung
dead tot
dead end Sackgasse
death Tod
decide entscheiden
deck Deck
deep tief
delay verspäten
delivery Lieferung
dentist Zahnarzt
department Abteilung
describe beschreiben
desert Wüste
despite of trotz
detour Umleitung, Umweg
dictionary Wörterbuch
did tat *do*
didgeridoo Didgeridoo
die sterben
difficult schwer, schwierig

Wortliste Australisch – Deutsch

dillybag Tasche
dine aus essen gehen
dine-in hier essen
dinner Abendessen
direction Richtung
dirt road ungeteerte Straße
dirty schmutzig
disabled behindert
discount Ermäßigung
disease Krankheit
dish Gericht
dive tauchen
divorced geschieden
do* tun
dodgy zweifelhaft
domestic national
done* getan *do*
door Tür
dorm Schalfsaal
double doppel
downstairs unten *Treppe*
drain Abfluss
drank* trank *drink*
drawing Zeichnung
dress anziehen, Kleid
drink Getränk, trinken*
drive* fahren
driven* gefahren *drive*
driver Fahrer
driving license Führerschein
drop off herauslassen
drought Dürre
drove* fuhr *drive*
drunk* getrunken *drink*
dry trocken
due fällig
due to wegen
dummy Schnuller
dune Düne
dunny Klo
during während

E

each jede
eagle Adler
ear Ohr
early früh
earn verdienen
earring Ohring
earth Erde
easy einfach, leicht
eat* essen
eaten* gegessen *eat*
economy Wirtschaft
edible essbar
editor Redakteur
education Erziehung
effort Bemühung
elastic elastisch
elbow Ellbogen
elder ältere
election Wahl *politisch*
electrician Elektriker
else andere
embarrassing peinlich
embassy Botschaft
emergency Notfall
empty leer
end Ende
engineer Ingenieur
enjoy genießen
enough genug
enquire anfragen
ensuite Badezimmer
enter eingeben, eintreten
entire ganz Stück
entrance Eingang
entree Vorspeise
entry Eingabe, Eintritt
environment Umwelt
esky Kühlbox
established gebaut
estuarine Salz-Süßwasser

even sogar
event Ereignis
every jede
exhibition Ausstellung
exit Ausfahrt, Ausgang
expect erwarten
expensive teuer
expire verfallen, auslaufen
explain erklären
extend verlängern
extreme(ly) extrem
eye Auge

F

fabric Stoff
face Gesicht
facility Einrichtung
fail durchfallen
fair fair, gerecht
fake unecht
fallen* gefallen *fall*
familiar bekannt kennen
far weit entfernt
fare Fahrpreis
fast schnell
fat fett dick
favour Bitte
favourite bevorzugt, liebste
fed* fütterte, gefüttert *feed*
fee Gebühr
feed* füttern
feel* fühlen
feeling Gefühl
feet Füße
fell* fiel *fall*
felt* fühlte, gefühlt *feel*
fence Zaun
ferry Fähre
few wenig
fight* kämpfen, streiten
fill in ausfüllen

one hundred and eighty three wan handriden ajtiej ðriej

Wortliste Australisch – Deutsch

filthy schmutzig
find* finden
fire Brand, Feuer
fireworks Feuerwerk
firm fest, Firma
first erste
fist Faust
fit* passen, passte, gepasst fit
fix reparieren
flag Flagge
flame Flamme
flash Blitz
flat flach
flavour Geschmack
fleet Flotte
flew* flog fly
flewn* geflogen fly
flight Flug
flood Flut, fluten
floor Boden, Stockwerk
flower Blume
follow folgen
foot Fuß
footy australischer Fußball
for für
forehead Stirn
foreign ausländisch
forest Wald
forget* vergessen, vergaß
forgotten* vergessen forget
form bilden, Formular
forward vorwärts
fought* kämpfte, gekämpft fight
found* fand, gefunden find
freebie etwas für umsonst
freeway Autobahn
freeze* frieren
freshwater Süßwasser
fridge Kühlschrank

friend Freund(in)
friendship Freundschaft
from aus, von
front vorne
froze* fror freeze
frozen* gefroren freeze
fruit Frucht, Obst
fry braten
full satt, voll
fully vollkommen
further weitere
fuse Sicherung

G

game Spiel
gaol Gefängnis
garbage Müll
gauze Mull
gave* gab give
gaze gucken
gear Gang Auto
gem Edelstein
get* bekommen, holen, werden
get* in/on einsteigen
get* lost verirren
get* up aufstehen
get-together Zusammenkunft
gibber Steinwüste
girlfriend Freundin Liebe
give* geben
given* gegeben give
glass Glas
glasses Brille
go* gehen
go* in eintreten
go* off verderben
goal Tor
goes* geht go
gone* gegangen go

good gut
goods Ware
got* bekam get
governor-general Generalgouverneur
grade Klasse Schule
great großartig
grew* wuchs grow
grid Rost
grind* mahlen
grog Alkohol
ground Boden, mahlte*, gemahlen grind
group Gruppe
grow* wachsen
grown* gewachsen grow
guernsey Trikot
guest Gast
guide führen, Führer
gun Gewehr

H

had* hatte, gehabt have
hair Haar
happen passieren
happy froh, glücklich
hard fest, hart
has* hat have
hat Hut
have* haben, habe, hast
have* to müssen, sollen
head Kopf
heal heilen
health Gesundheit
healthy gesund
hear* hören
heard* hörte, gehört hear
heart Herz
heavy schwer Gewicht
heel Ferse
height Höhe

Wortliste Australisch – Deutsch

help helfen, Hilfe
here hier
heritage Herkunft
high high, hoch
hill Hügel
hip Hüfte
hire mieten
history Geschichte *hist.*
hit* schlagen, schlug, geschlagen
hold halten
hole Loch
holiday Feiertag
home Zuhause
homestead Wohnhaus eines Farmbesitzers
hope hoffen, Hoffnung
host Gastgeber
hot heiß, scharf, warm
hotel Bar, Hotel, Restaurant
hour Stunde
howzat wie ist das
humid schwül
hungry hungrig
hurry (up) beeilen
hurt* schmerzen, schmerzte, geschmerzt

I

identity card *(ID)* Ausweis
if falls, ob, wenn
ill krank
illness Krankheit
imagine vorstellen
immediately sofort
immigration Einwanderung
important wichtig
impossible unmöglich
impression Eindruck
in front vorne
in order to damit, um zu …

in the nick nackt
include einschließen
infect anstecken
inhabitant Einwohner
innings Spielrunde Cricket
insert einführen
inside innen
instead stattdessen
institute Institut
insurance Versicherung
intend vorhaben
interesting interessant
intersection Kreuzung
introduce vorstellen, einführen
introductory Einführungs-
invitation Einladung
invite einladen
is ist *be*
island Insel
itch jucken
item Ding

J

jackaroo Cowboy
jetty Steg
jillaroo Cowgirl
jocks Unterhose
joey Kängurubaby
join mitmachen
journey Reise
judge beurteilen, Richter
jug Kanne
just genau, nur

K

keep* behalten, behielten
keg Fass
key Schlüssel
kidney Niere

kill töten
kind Art, freundlich, nett
kindy Kindergarten
kiss küssen
kitchen Küche
knee Knie
knew* kannte, wusste *know*
knife Messer
knock klopfen
know* kennen, wissen
known* gekannt, gewusst *know*

L

labour Arbeit
lake See
land Land
landscape Landschaft
lane Fahrspur
language Sprache
large groß
last letzte
late spät
laugh lachen
laundry Wäsche
law Gesetz, Recht
lay legen, liegen
lazy faul träge
lead* leiten
leaded verbleit
leaf Blatt *Baum*
learn * lernen
learnt * gelernt *learn*
least letzte
leather Leder
leave* abreisen, weggehen
led* geleitet, leitete *lead*
left links; übrig, ging weg, weggegangen *leave*
lense Linse *Auge*

one hundred and eighty five wan handriden ajtiej fajv

Wortliste Australisch – Deutsch

less weniger
let* lassen, lies, gelassen
letter Brief, Buchstabe
level Stockwerk
library Bibliothek
licensed lizensiert
life Leben
lift Lift, heben, hob, gehoben
light hell, leicht, Licht
lighter Feuerzeug
lights Ampel
like gefallen, mögen, wie
like to gern tun, wollen
line Linie
line up Schlange stehen
liquid Flüssigkeit
litter Müll
little kaum, klein, wenig
live leben, live, wohnen
livestock Vieh
load laden, Ladung
locker Schließfach
long lang
look aussehen
look for suchen
loose lose, verlieren*
lost* verlor, verloren *loose*
lots mengenweise, Portion
loud laut
love Liebe, lieben
low niedrig
luck Glück
lunch Mittagessen
lung Lunge

M

made* machte, gemacht *make*
main Haupt-, Hauptgericht
major Haupt-
make* machen
man Herr, Mann
manual Hand-
manufacturing Herstellung
map Karte
mark Note *Schule*
market Markt
marry heiraten
marsupial Beuteltier
mask Maske
match Spiel *Sport*
matches Streichhölzer *Mz.*
mate Kumpel
matress Matraze
may* dürfen
maybe vielleicht
meal Mahlzeit
mean gemein, meinen
meat Fleisch
medium mittel
meet* treffen, verabreden
meeting Verabredung
member Mitglied
memorial Denkmal
memorize sich merken
men Männer
message Nachricht
met* traf, getroffen *meet*
metre Meter
microbrewery Kleinbrauerei
middle Mitte
middy Glass Bier
midstrength mittelstark
mieten rent
might* durfte, gedurft *may*
milk Milch
mill Fabrik
mind achten auf, Gehirn
mirror Spiegel
miss vermissen, verpassen
mistake Fehler
mobile mobil

moderate gemäßigt
moist feucht
moment Moment
money Geld
month Monat
moon Mond
more mehr, über
morning Morgen, Vormittag
most meiste
mostly meist
mother Mutter
mountain Berg
mouth Mund
movie Film Kino
much viel
mug Tasse groß
muscle Muskel
mushie Pilz
musician Musiker
must müssen
muster zusammentreiben

N

nail Nagel
nappy Windel
narrow eng, schmal
nationality Staatsangehörigkeit
near nah
nearby in der Nähe
neat ordentlich
necessary notwendig
neck Hals
need brauchen
needle Nadel
neighbour Nachbar(in)
never nie
new neu
newsagency Kiosk
newspaper Zeitung
next nächste

Wortliste Australisch – Deutsch

nice schön
night Nacht
nightclub Nachtklub
nippy eiskalt
nobody niemand
noisy laut
noon Mittag
nope nein
nose Nase
notice bemerken
now jetzt, sofort
nowhere nirgendwo/-hin
nurse Krankenschwester

O

observe beobachten
ochre Ocker
ocker australisch
of von
of course natürlich
off ab, aus, weg
offer anbieten, Angebot
office Büro
officer Beamte Polizei
often oft
oil Öl
ointment Salbe
old alt
on auf, in
once einmal
only nur
opener Dosenöffner
opening Öffnung
operate laufen
opinion Meinung
opposite from gegenüber von
optician Optiker
order bestellen, Bestellung
organ Organ
organize organisieren

originate herkommen
other andere
ought sollte
out aus
outlet Steckdose
outside draußen
outstation Reservation
over über
overcast bewölkt
overtake überholen
overweight Übergewicht
owe schulden
own eigene
owner Besitzer

P

package Paket
pain Schmerz
painful schmerzhaft
paint malen
painter Maler Kunst
painting Bild
pair Paar
pale blass
paper Papier
parcel Paket
park Park, parken
parking Parkplatz
parliament Parlament
pass vorbeifahren
passenger Passagier
past nach, über
pastoral land Weideland
pastoralist Farmer
pat streicheln
path Weg
pattern Muster
pay bezahlen, Lohn
peak Gipfel
peckish hungirg
pedestrian Fußgänger

pen Kugelschreiber
pendant Anhänger
people Leute, Volk
permit Erlaubnis
petrol Benzin
phone anrufen, Telefon
phonecard Telefonkarte
physics Physik
pick aussuchen
pick up aufheben
picture Bild, Foto
piece Stück
pill Tablette
pillow Kopfkissen
pint Glass *Bier*
piss Alkohol
pissed besoffen
piss-up Saufgelage
pitcher Bierkanne
place Ort, Stelle, stellen
plain Ebene, einfach
plan Plan, planen, vorhaben
plane Flugzeug
plant Pflanze
plastic Plastik
plate Teller
platform Bahnsteig
play spielen, Stück *Theater*
please bitte
pliers Zange
pocket Tasche
point Punkt
police Polizei
polite höflich
politician Politiker
pommy englisch
pop in vorbeikommen
popular beliebt
porc Schwein
possible möglich
postcard Postkarte
postie Postbeamte(r)

one hundred and eighty seven wan handriden ajtiej ßäven | **187**

Wortliste Australisch – Deutsch

pot Glass, Kanne
powder Pulver
practise üben
pram Kinderwagen
prang Unfall
pregnant schwanger
prepare vorbereiten
pressure Druck
proceed weitermachen
profession Beruf
prohibited verboten
promise versprechen jmd.
propose vorschlagen
protect schützen
pull ziehen
punish bestrafen
punishment Strafe
purse Tasche
push drücken
pushie Fahrrad
put* legen, gelegt, gestellt

Q

quality Qualität
quantity Menge
quarter Viertel
question Frage
quick schnell
quit* verlassen

R

rack Regal
rain Regen
rainforest Regenwald
range Auswahl, Gebirge
rare(ly) selten
rash Ausschlag
raw roh
read* lesen, las, gelesen *read*
ready fertig
really echt, wirklich
reason Grund
reasonably einigermaßen
receipt Quittung
recently kürzlich
reckon meinen
recommend empfehlen
reduce verringern
refund Rückzahlung
refuse Müll
rellies Verwandte
remain übrigbleiben
remember erinnern
remove entfernen
rent* mieten, mietete, gemietet
repare reparieren
repeat wiederholen
repellent Insektenmittel
replace wechseln
replacement Ersatz
report Bericht, berichten
require erfordern
rescue retten
reserve Vorrat
return zurückgeben
rich reich
ride fahren
ridge Grat
right Recht, rechts, richtig
ripe reif
rip-off Betrug Preis
rise steigen
road Straße, Weg
roadhouse Raststätte
roast braten
rock Stein
roll Brötchen, rollen
roo Känguru
rope Seil
rotten faul
round rund
row Reihe
royal königlich
rugged wild
rule Regel, regieren

S

sad traurig
saddle Sattel
safe Schließfach, sicher
safety Sicherheit
sail Segel
salary Gehalt
sales Ausverkauf
salt Salz
saltwater Salzwasser
sang* sang *sing*
sanitary pad Binde
sat* saß, gesessen *sit*
save sparen
savings Erspartes
saw* sah *see*
say sagen
school Schule
schooner Glas *Bier*
scissors Schere
scoop Bällchen *Eiscreme*
scratch kratzen
screw Schraube
sea Meer
sealed geteert
search Suche, suchen
seasick seekrank
season Jahreszeit
seat-belt Sicherheitsgurt
see* sehen, sehe, siehst
seed Samen
seem scheinen als ob
seen* gesehen *see*
seldom selten
self selbst

Wortliste Australisch – Deutsch

sell* verkaufen
sense Verstand
sentence Satz
separate trennen
serve servieren
service station Tankstelle
servo Tankstelle
settlement Siedlung
shade Schatten, Nuance
shaft Schacht
shake schütteln
shall* sollen
share teilen *miteinander*
sharp scharf *Messer*
shear Schaf scheren
sheet Blatt *Papier*
sheila Mädel
shine scheinen
ship Boot, Schiff
shoot* schießen
shop einkaufen, Laden
short kurz
should* sollte *shall*
shoulder Schulter
shout brüllen, Runde
show Show, zeigen
shower Dusche
shuttle Shuttle
sick krank
sickie Krankheitstag
side Seite
sign unterschreiben
similar to ähnlich
since da, seit
sing* singen
single Einzel, ledig
sit* sitzen
sit down* sich setzen
size Größe
skin Haut, Fell
skinny dünn
sleeper Schlafwagen

sleep* schlafen
sleeping bag Schlafsack
slept* schlief *sleep*
slice Scheibe
slim dünn
slip ausrutschen, Unterhose
slow langsam
small klein, winzig
smart klug
smell Geruch, riechen
smile lächeln
so sehr, so
soap Seife
soccer Fußball
social sozial
society Gesellschaft
sociology Soziologie
soft weich
sold* verkauft
solution Lösung
some einige, etwas
somebody jemand
something etwas
sometime(s) manchmal
somewhat etwas
son Sohn
soon bald
soup Suppe
space Platz, Raum
spanner Schraubenschlüssel
spare Ersatzreifen
speak* sprechen
spear Speer
special spezial
speed Geschwindigkeit
spell buchstabieren
spinach Spinat
spinster Jungeselin
spoke* sprach, gesprochen *speak*
spot Punkt, entdecken

sprain zerren
spring Frühling
spring roll Frühlingsrolle
square Platz
stage Bühne
stain Fleck
stairs Treppe *Mz.*
stamp Briefmarke
stand Stand, stehen*
stang* stach *sting*
star Stern
stare starren
stash verstauen
station Farm, Station
stay Aufenthalt, bleiben
steal* stehlen
steam Dampf
steep steil
step steigen, Stufe
stick Stock, kleben*
sticky klebrig
still noch, ruhig
sting Stich, stechen*
stock Vieh
stole* stahl, gestohlen *steal*
stomach Magen
stone Stein
stop anhalten, aufhören, halten
storage Aufbewahrung
store Laden
story Geschichte Erzählung
straight direkt, gerade
strange fremd
strap binden
street Straße
strong hart, stark
stubbie kleine Bierflasche
stuck* klebte, geklebt *stick*
student Schüler, Student
study lernen, studieren

one hundred and eighty nine wan handriden ajtiej najn **189**

Wortliste Australisch – Deutsch

stuff Sache
stung* gestochen *sting*
success Erfolg
sudden(ly) plötzlich
sugar Zucker
suitcase Koffer
sung* gesungen *sing*
sunny sonnig
sunscreen Sonnenmilch
sure(ly) sicher
surgeon Chirurg
surgery Operation
swag Schlafsack
swallow schlucken
swam* schwamm, geschwommen *swim*
swamp Sumpf
sweat* schwitzen, schwitzte, geschwitzt *sweat*
sweet niedlich, süß
swim* schwimmen
swipe mit Karte zahlen
system System

T

table Tisch
tailor Schneider
take* dauern, nehmen
takeaway Essen zum Mitnehmen
taken* gedauert *take*
take-off Abflug
talk reden
tall groß, hoch
tampon Tampon
tanned braun gebrannt
tap Wasserhahn
tape Kassette, Klebeband
taste Geschmack, kosten
tasty schmackhaft
tea Abendessen, Tee

teach* unterrichten
teacher Lehrer(in)
technical technisch
teenager Jugendlicher
tell* erzählen
tender zart
tent Zelt
tentacle Tentakel
terrible fürchterlich
than als, wenn
thanks danke
that dass
theft Diebstahl
then also, dann
there da, dort
therefore daher, deshalb
thick dick
thigh Oberschenkel
thin dünn
thing(ie) Ding, Sache
think* denken
thirsty durstig
this kind/type of so ein
thorn Dorn
thought* dachte, gedacht *think*
thread Faden
throat Kehle
through hindurch
thru hindurch
thumb Daumen
tight eng
till bis
time Mal, Zeit
timetable Fahrplan
tin(nie) Dose
tiny winzig
tip Trinkgeld
tissue Taschentuch
to bis, nach, um zu
today heute
toe Zeh

together zusammen
toilet paper Toilettenpapier
told* erzählte *tell*
toll Zoll
tomorrow morgen
tonight heute Abend
too auch, zu
took* dauerte, genommen, nahm *take*
toothpaste Zahnpasta
top oberer Teil, Oberteil
topless oben ohne
total gesamt
touch berühren, Berührung
tought* unterrichtet(e) *teach*
towel Handtuch
tower Turm
town Stadt
trace Spur
trade Handel, Handwerk
tradition Tradition
traffic Verkehr
trail Pfad, Weg
trailer Anhänger
train Straßenbahn, trainieren, Zug
transfer Überweisung
translate übersetzen
translator Übersetzer
travel reisen
travel agent Reisebüro
traveller Reisende(r)
treat behandeln
tree Baum
true wahr
trust vertrauen, Vertrauen
try versuchen
tucker Essen
tuition Schulgeld
turn abbiegen, drehen

190 | one hundred and ninety wan handriden najntiej

Wortliste Australisch – Deutsch

U

- **ugly** hässlich
- **umpire** Schiedsrichter
- **unconscious** bewusstlos
- **under** unter
- **unfamiliar** unbekannt
- **union** Gewerkschaft
- **unit** Wohnung
- **unknown** fremd, unbekannt
- **unleaded** unverbleit
- **unless** es sei denn
- **unlimited** ungegrenzt
- **unsealed** ungeteert
- **until** bis
- **up** auf, oben
- **upstairs** oben
- **urgent** dringend
- **us** uns
- **use** gebrauchen, nutzen
- **useful** nützlich
- **usually** normalerweise
- **ute** Lieferwagen
- **utility van** Lieferwagen

V

- **valid** gültig
- **valley** Tal
- **valuable** wetvoll
- **van** Lieferwagen
- **vast** ausgedehnt
- **vege(table)** Gemüse
- **vegie** Gemüse
- **vego** vegetarisch
- **vein** Vene
- **very** sehr
- **victim** Opfer
- **view** Aussicht
- **village** Dorf
- **visit** Besuch, besuchen
- **vomit** kotzen

- **voucher** Gutschein

W

- **wage** Lohn
- **waist** Taille
- **wait** warten
- **wake up*** aufwachen, wecken
- **walk** gehen, Spaziergang
- **wallet** Brieftasche
- **want** wollen
- **war** Krieg
- **warm** warm
- **warning** Warnung
- **was** war *be*
- **wash** waschen
- **washing** Wäsche
- **watch** beobachten, Uhr
- **water** Wasser
- **wave** Welle
- **way** Weg
- **weak** schwach
- **wear*** tragen
- **weather** Wetter
- **wedding** Hochzeit
- **weekend** Wochenende
- **weight** Gewicht
- **well** gut
- **welldone** durchgebraten
- **were** warst *be*
- **wet** feucht, nass
- **wetland** Feuchtebene
- **wharf** Hafen
- **while** während
- **whisper** flüstern
- **whistle** pfeifen
- **will*** werden
- **window** Fenster
- **winery** Weingut
- **wing** Flügel
- **wish** Wunsch, wünschen

- **withdraw** abheben *Geld*
- **within** innerhalb
- **without** ohne
- **woke up*** wachte auf, aufgewacht *wake up*
- **wood** Holz
- **wore*** trug *wear*
- **work** Arbeit, arbeiten
- **worn*** getragen *wear*
- **worries** Sorge
- **worse** schlechter
- **worst** schlechteste
- **worth** wert
- **would*** würde *will*
- **write*** schreiben
- **wrong** falsch
- **wrote*** schrieb *write*

Y

- **yet** noch, schon
- **young** jung
- **yummy** schmackhaft

Die Autorin

Elfi H. M. Gilissen, geb. 1969 mit flämischem Blut mütterlicherseits und niederländischem Blut väterlicherseits, wuchs in Deutschland auf. Sie studierte Chinesisch und Indonesisch an der Rheinischen-Friedrich-Wilhelms-Universität, Bonn, und verbrachte ein Jahr in Chengdu, China. Jetzt lebt sie wieder in den Niederlanden zusammen mit ihrem australischen Freund Andrew Tokmakoff. Wo die Liebe so hinfällt... Seitdem jagt eine Reise die andere in die wundervolle Landschaft und Städte Australiens. Der ehemals rein amerikanische Akzent, der aus einem High-School Jahr in Connecticut, USA stammte, weicht dem australischen Englisch, denn zu Hause wird natürlich Englisch gesprochen. Bald geht es für immer nach Australien.

Von der Autorin ist im Reise Know-How Verlag auch der Kauderwelsch-Band 143 „Amerikanisch – Wort für Wort" erschienen.